FRIENDS FOREVER

RACHEL, JOEY, MONICA… QUE SONT-ILS DEVENUS ?

Anaïs Maquiné Denecker
Hervé Tropéa

FRIENDS FOREVER

RACHEL, JOEY, MONICA… QUE SONT-ILS DEVENUS ?

Meet the people

Direction : Catherine Saunier-Talec
Responsable éditoriale : Lisa Grall
Coordinatrice éditoriale : Laurence Pieau
Édition : Florine Marguin
Relecture : Virginie Poulard et Valérie Tougard
Direction artistique : Cécilia Rehbinder
Conception : Annabelle Mollet
Mise en pages : Nord Compo
Fabrication : Amélie Latsch

Sommaire

« *I'll be there for you* »… Trente ans après sa première diffusion, le 22 septembre 1994, sur NBC[1], le générique de *Friends* résonne encore de Los Angeles à Paris, en passant par le Maroc — où Matt LeBlanc raconte en riant l'avoir entendu dans une grotte où était installée une télé de fortune.

« *I'll be there for you* », autrement dit « *Je serai là pour toi* ». Aucun des six *Friends*, Jennifer Aniston, Courteney Cox, Lisa Kudrow, Matt LeBlanc, Matthew Perry, David Schwimmer, n'a jamais failli à cette promesse-là. Courteney Cox et Jennifer Aniston ont accouru en plein Covid-19 pour soutenir Lisa Kudrow à l'enterrement de

1. Le 16 avril 1996, en France, sur Canal Jimmy.

sa maman. Dès la saison 2, lorsqu'il s'est agi de renégocier leurs cachets, les six acteurs ont réclamé des salaires équivalents, portés par la voix de David Schwimmer, le meilleur en affaires du groupe. Et lorsque Matthew Perry, rongé par ses addictions, peinait à assurer ses répliques sur le plateau, ils l'ont tous aidé.

Matthew Perry, justement… La disparition du plus fragile de la bande, du plus solitaire aussi, retrouvé mort le 28 octobre 2023 dans son jacuzzi, à Pacific Palisades, les a laissés anéantis. Au cimetière, le 3 novembre suivant, autour de la dépouille de l'acteur, il n'y avait que sa famille de sang et sa famille tout court — c'est-à-dire eux.

Ils sont comme des cousins que lient une même enfance, des vacances à la campagne, des dîners de Noël, des virées dans le dos des parents, des parenthèses enchantées… Leur parenthèse enchantée, la série *Friends*, a duré dix ans et signe l'un des feuilletons les plus marquants de l'histoire de la télé. Qu'ils le veuillent ou non, ils sont à jamais Ross, Rachel, Joey, Chandler, Phoebe et Monica ; un groupe de jeunes colocataires, qui vont expérimenter la dure réalité du passage à la vie d'adulte. Ils sont pour l'éternité les six *Friends* inséparables d'une série diffusée dans… 240 pays.

La célèbre coupe de Jennifer Aniston, dite « coupe Rachel », improvisée par un de ses amis coiffeur alors qu'il était sous l'empire de stupéfiants (il nous le raconte dans l'ouvrage) est ainsi devenue « la coupe de cheveux la plus demandée de tous les temps ». Le *Hairdressers Journal International* a même estimé à près de 11 millions, le nombre de femmes qui ont recopié ce look capillaire rien qu'au Royaume-Uni. Le vendeur de meubles Pottery Barn, dont l'une des tables était visible dans un épisode diffusé en l'an 2000, se frotte encore les mains. « Un véritable don du ciel, *dixit* Patrick Connolly, vice-président de la marque. Le standard explose de demandes de catalogue chaque fois que l'épisode est diffusé. »

Pourtant, lorsque la série démarre, rien n'est joué. *Friends* souffre de la concurrence avec la série humoristique *Seinfeld*, qui atteint alors une moyenne de 30 millions de téléspectateurs à chaque diffusion. Les jeunes acteurs sont tous des inconnus, aux profils très variés : Jennifer Aniston est une Californienne pur jus qui court le cachet ; David Schwimmer est un acteur de théâtre de Chicago torturé ;

Matt LeBlanc, élevé par une mère célibataire peu fortunée, est quasi SDF ; Courteney Cox est une beauté, une apprentie mannequin aux dents acérées ; Lisa Kudrow, une fille de la bourgeoisie ultra-diplômée, à l'humour intello et Matthew Perry, un jeune acteur de télé qui rêve de célébrité.

Ils n'ont rien en commun et, pourtant, ils vont embarquer ensemble dans un énorme paquebot : dix ans à ne plus toucher terre. En cette année 1994, Jennifer Aniston, Lisa Kudrow et Courteney Cox sont loin de se douter que, chaque midi, pendant dix ans, elles vont partager la même salade à déjeuner sur le plateau de *Friends*…

Un homme, un seul, a flairé le succès : le réalisateur James Burrows. Jennifer Aniston s'en souvient comme si c'était hier : « J'avais fait environ 700 émissions ratées avant *Friends*, se souvient-elle[1], et il n'y avait aucune raison de croire que *Friends* serait différent. Juste avant la diffusion, le réalisateur, Jimmy Burrows (ou Papa, comme je l'appelle) nous a emmenés tous les six à Las Vegas. Il nous a invités à dîner et nous a dit : "Vous ne savez pas dans quoi vous

1. *Esquire,* 29 janvier 2007.

allez vous embarquer. Vous feriez mieux de prendre soin les uns des autres." Nous n'avions aucune idée de ce dont il parlait. Puis il nous a donné 500 dollars à chacun et nous a dit : "Profitez-en. C'est la dernière fois que vous pourrez vous promener dans un casino sans être importunés." »

De fait, dès sa première diffusion, le 22 septembre 1994, le bouche-à-oreille fonctionne. La série est un succès. Planétaire. « Un succès à la vitesse d'un bombardier furtif », résumera Jennifer Aniston, qui a le sens de la formule.

Et ce succès ne se démentira jamais, faisant de *Friends* l'une des rares séries « intergénérationnelles », ralliant chaque année de nouveaux fans, de plus en plus jeunes. Fait exceptionnel, la reconnaissance du public se double de celle des professionnels : *Friends* a récolté plus d'une trentaine de nominations, et pas moins de sept récompenses attribuées aux acteurs, producteurs et réalisateurs. En dix ans d'existence, elle a eu droit à 62 nominations à la cérémonie des Emmy Awards

Comment expliquer ce phénomène ? Marta Kauffman, l'une des créatrices du feuilleton, a sa petite idée : « Le succès de cette série, nous explique-t-elle, en mai 2017 au Austin Film Festival, vient du fait que toutes les générations se retrouvent dans *Friends*. Les adolescents sont impatients de vivre la vie des Friends, les jeunes adultes se retrouvent dans leurs expériences tandis que les adultes d'un âge plus avancé pensent de manière nostalgique à toutes ces années entre amis. »

Des années durant, les fans de *Friends* partagent le quotidien d'une bande d'amis à laquelle on aime s'identifier : on suit leurs joies et leurs peines, leurs phobies, leurs réussites et leurs échecs, sans oublier leurs histoires de cœur.

Mais il serait injuste de réduire *Friends* à cela. Une des raisons du succès de la série réside probablement dans le fait qu'on y parle sans tabou de MST (maladies sexuellement transmissibles), de troubles alimentaires ou encore de bisexualité ; sujets qui restent assez timides pour une série télévisée de cette époque. Des sujets qui parlent à tout le monde, quel que soit son âge et qui ne sont pas ancrés dans une époque. C'est un rendez-vous hebdomadaire avec la vie, avec le lot d'émotions qu'elle comporte et qui va être brillamment retranscrit à l'écran par le génie d'écriture des scénaristes (qu'il faut saluer) et le talent des comédiens.

Ajouté à cela une touche d'humour et de burlesque, des épisodes tournés en live, avec un public qui rit aux éclats et la sitcom devient addictive. *Friends* est une madeleine de Proust, un programme que l'on choisit de revisionner pour se projeter avec nostalgie dans les années passées.

Le 6 mai 2004, lorsque le dernier épisode de la série est diffusé, 52,5 millions de téléspectateurs sont devant leur télé. Les spots publicitaires sont alors vendus deux millions de dollars pour trente secondes — un record à l'époque.

Encore aujourd'hui, la série continue de générer des revenus estimés à un milliard de dollars par an pour la Warner Bros.

La semaine suivant le décès de Matthew Perry, le site de classement de streaming américain Nielsen enregistre une hausse record de visionnage de la célèbre sitcom, avec plus de huit cent soixante millions de minutes visionnées.

Deux décennies après le clap de fin, *Friends* continue à être l'un des feuilletons les plus populaires et lucratifs au monde. Grace aux rediffusions, chacun des héros du feuilleton touche encore aujourd'hui la somme de 20 millions de dollars par an. Et le 27 mai 2021, les acteurs de *Friends* ont obtenu d'être payés 5 millions de dollars pour participer à l'émission spéciale « *Friends* : Les retrouvailles » du feuilleton. « Grâce à cette série, je crois que chaque membre de *Friends* pourrait se permettre de ne plus travailler, nous confie Matt LeBlanc. Nous avons ce luxe incroyable grâce à ce feuilleton, de pouvoir rester à la maison si nous le voulions, tout en continuant chaque année de gagner plus que la plupart de nombreux acteurs du show-business. »

Que sont-ils devenus justement ? Comment se sont-ils remis du phénoménal succès de la série, et, d'ailleurs, s'en sont-ils remis ?

Dans cet ouvrage, les journalistes Hervé Tropéa et Anais Maquiné Denecker, qui connaissent bien les héros de *Friends* pour les avoir interviewés à plusieurs reprises, vous révèlent ce que sont devenus Ross, Rachel, Phoebe, Chandler, Monica et Joey.

Marquée par son divorce avec David Arquette et l'annulation de ses fiançailles avec Johnny McDaid, Courteney Cox se contente désormais de tourner dans des séries sans prétention. Le succès de la franchise *Scream* ne lui a pas permis de se défaire de son personnage de Monica et son personnage de Jules Cobb dans la série *Cougar Town* n'est finalement qu'une Monica avec quelques années de plus. Lisa Kudrow se partage entre sa vie de productrice et sa vie de famille, à laquelle elle est très attachée. Si Matt LeBlanc a tenté, après *Friends*, de rester sous le feu des projecteurs avec des séries telles que *Episodes* et *Papa a un plan*, il a accepté de reprendre le rôle de Joey dans une série éponyme. Quant à David Schwimmer, celui-ci regrette que la série ait affecté considérablement à la fois sa vie personnelle et professionnelle. Interviewé par *The Hollywood Reporter* sur la notoriété que lui a apporté la série, il confie : « C'était assez bouleversant et ça a complètement perturbé la relation que j'entretenais avec les autres au point qu'il m'a fallu des années pour m'y faire. » L'interprète de Ross est, de loin, le Friends qui a le plus mal vécu cette transition. Cela s'explique sûrement par les attentes qu'il se faisait de l'après-*Friends*, qu'il n'imaginait pas devenir, malgré lui, un frein à sa carrière. Avant sa disparition tragique, Matthew Perry a tenté à plusieurs reprises d'éviter les rôles de pince-sans-rire à la Chandler, en choisissant des personnages plus sérieux, comme celui de Joe Quincy dans la série *À la Maison-Blanche,* mais sans jamais réellement retrouver le succès. Quant à Jennifer Aniston, elle est parvenue à tourner régulièrement dans des films et séries, mais sa vie amoureuse n'a cessé d'être mouvementée et de lui compliquer l'existence. Après avoir tenté en vain, de salir son image (en tournant notamment dans le film dramatique *Cake*), elle s'est longtemps cantonnée à des rôles romantiques que n'aurait pas reniés Rachel, avant de réussir dans un autre registre *via The Morning Show* sur Apple TV+. De tous les *Friends*, elle reste au final celle qui semble mieux accepter « l'étiquette Rachel Green ». Invitée par l'émission « C à Vous » sur France 5 en mars 2023, elle revenait sur le succès de la série et notamment la popularité de son personnage : « Ça ne me dérange pas d'avoir fait partie de quelque chose d'aussi important, d'aussi intéressant. C'est un honneur d'avoir fait partie de cette émission. C'est la meilleure chose qui m'est arrivée. Ça a changé ma vie », déclarait-elle avec tendresse. Au point d'être la seule à rêver d'une reprise du feuilleton : « J'en fantasme, a-t-elle révélé à *InStyle*, le 1er août 2018. C'est vraiment le meilleur travail que j'ai jamais eu. Je ne sais pas à quoi cela ressemblerait aujourd'hui, mais on ne sait jamais. Il y a tellement de séries qui sont « rebootées » avec succès. Je sais que Matt LeBlanc ne veut plus qu'on lui pose cette question. Mais peut-être pourrions-nous le convaincre. Ou alors on lui laisse un peu de temps et Lisa [Kudrow], Courteney et moi pourrions « rebooter » les *Golden Girls* et passer nos dernières années ensemble autour de meubles en osier. »

Alors, retourneront-ils ensemble un jour ? Rien n'est moins sûr. D'autant que, depuis la mort de Matthew Perry, les six *Friends* ne sont plus que cinq. Touchés à la fois par la grâce et la malédiction *Friends*, Ross, Rachel, Joey, Monica, Phoebe n'ont au fond qu'une certitude : ils seront toujours là les uns pour les autres. « *I'll be there for you* ». Fidèles au générique – et à la chanson de leur vie.

CHAPITRE I

Matthew Perry : le plus tourmenté des Friends…

Le 28 octobre 2023. Le soleil se couche sur Los Angeles, les premières lumières s'allument, l'air est doux, les chanceux se hâtent d'aller boire un verre au bord de leur piscine mais, à 17 h 30, la Cité des anges se fige : les portables vibrent et c'est comme un voile de tristesse qui s'abat sur la ville. Les habitants de tous âges sont touchés au cœur : Matthew Perry, l'inoubliable Chandler de *Friends*, vient d'être retrouvé mort à son domicile, dans son jacuzzi. Matthew Perry n'avait que cinquante-quatre ans…

Que lui est-il arrivé ? La police de Los Angeles ouvre une enquête. Dès le 28 octobre, le capitaine Scott Williams, qui mène cette enquête, nous confie qu'il va probablement falloir beaucoup de temps avant de connaître les circonstances exactes de la mort de « Chandler Bing ». Il a raison. Alors que la thèse de l'overdose est immédiatement privilégiée, les premières analyses sur le corps de Matthew Perry ne sont en effet pas concluantes. Rien n'indique toutefois qu'il pourrait s'agir d'un acte criminel. Trois jours après la mort de l'acteur, les analyses toxicologiques confirment que ce décès ne serait pas lié à la consommation de fentanyl ou de méthadone — deux analgésiques opioïdes, que Matthew affectionnait particulièrement. Mais alors, que s'est-il réellement passé ce jour du 28 octobre 2023 dans la magnifique villa californienne de l'acteur, à Pacific Palisades ?

Car, quelques heures avant sa mort, Matthew Perry semblait en pleine forme ! Au matin du 28 octobre, il pratique en effet ce qui est devenu sa nouvelle passion : le pickleball !

Matt Manasse, son coach, nous confie alors : « Matthew se refaisait une santé de sportif après des années d'excès, mais c'était dans sa nature de tout faire avec frénésie. Alors, il jouait intensément, entre quatre et cinq jours par semaine. »

C'est au Riviera Country Club de Pacific Palisades qu'il passe ses derniers instants avant de trouver la mort. Ana Ustinoff, la dernière personne à avoir joué avec lui ce matin du 28 octobre, nous raconte : « Nous avions rendez-vous à 9 h 30 et avons joué jusqu'à midi ; il était en grande forme. On se voyait presque tous les jours, ces derniers temps. La semaine précédente, je l'avais trouvé particulièrement fatigué, je lui en avais fait la remarque. Mais, le jour de sa mort, il était au top de sa forme. Je suis sous le choc. »

Après avoir planifié ses prochains matchs avec Ana, Matthew Perry salue tous les membres du Country Club en leur disant « à demain ». Il rentre chez lui, se plonge dans son jacuzzi pour se détendre après l'effort. Cela fait plusieurs jours qu'il semble obsédé par son jacuzzi fraîchement rénové. Ses proches en rigolent, se demandant bien pourquoi l'acteur passe désormais des heures entières à se relaxer dans son bassin à bulles. À 13 h 37, l'assistant de Matthew quitte la maison pour aller faire des courses, laissant l'acteur à son moment détente. À son retour, à 16 heures, c'est le drame. L'assistant déclare avoir trouvé Matthew « flottant sur le ventre » dans son jacuzzi. À la police de Los Angeles, il raconte avoir immédiatement sauté dans le jacuzzi afin de déplacer l'acteur sur le bord du bassin. L'assistant appelle ensuite le 911 — le numéro d'urgence aux États-Unis. Les ambulanciers paramédicaux interviennent rapidement. Ce sont eux qui sortent alors totalement Matthew Perry de l'eau, l'allongent sur l'herbe. Mais il n'y a plus rien à faire… L'acteur est déclaré mort à 16 h 17.

Que lui est-il arrivé ? La question obsède son entourage. Ses proches sont d'autant plus abasourdis qu'ils soulignent qu'il avait retrouvé le moral et qu'il était, ces derniers temps, « toujours de bonne humeur ». Un an avant sa mort, le succès de ses mémoires *Friends, mes amours et cette chose terrible* (Michel Lafon, 2022) lui avait donné comme un nouvel élan. « Il avait trouvé un nouveau sens à son existence qui reposait avant tout sur les choses simples, nous confie un membre de son entourage. Les principaux plaisirs de Matthew étaient désormais de se détendre à la maison avec des amis et de voir sa famille. Il sortait, il aimait être actif et se sentir utile. »

Ce nouvel élan, son emploi du temps des derniers jours le confirme. La veille de sa mort, Athenna Crosby, mannequin et journaliste people, déjeune avec Matthew Perry à l'hôtel Bel-Air. « Il me parlait de son enthousiasme à l'idée de prendre un nouveau départ dans sa vie, déclare Crosby au magazine américain *US*. Il était très optimiste et semblait être en bonne santé. »

Avec le pickleball et le jacuzzi, les réseaux sociaux sont sa nouvelle passion. Conscient de l'importance de certaines applications comme Instagram, Matthew prend goût à son tour à poster sur la Toile. Certes, ses apparitions sur les réseaux sont aussi pour lui un moyen d'appâter la gent féminine, mais l'acteur prend aussi du plaisir à diffuser des photos avec ses proches. Deux semaines avant sa mort, il poste d'ailleurs une photo de lui souriant aux côtés de son père — l'acteur John Bennett Perry. Leur relation complexe commence à peine à se normaliser après plus d'une décennie de brouille.

Le même jour, il échange par SMS avec son ancienne partenaire du film *A Night in the Life of Jimmy Reardon*, l'actrice Ione Skye. Des SMS que l'actrice diffusera peu après la mort de Matthew Perry : « Salut ! J'espère que tout va bien. Je méditais (je médite maintenant) et « *In Your Eyes* » a commencé à être diffusé. Et j'ai immédiatement pensé à quel point tu es belle », lui écrit Matthew, dans un message envoyé treize jours avant sa mort. « Oh ! J'aime ça. Xo », répond l'actrice. « J'espère que tu es en bonne santé et heureuse », répond Matthew. « Oui, je suis les deux. Je le pense ! Je suis contente d'avoir de tes nouvelles. Je n'ai que de bons souvenirs avec toi », poursuit la jeune femme. Avant que Matthew Perry ne mette un terme à l'échange : « Moi aussi. Cet après-midi, j'étais assis chez moi, et, là, tu es apparue ! »

À plus de cinquante ans, il n'a pas renoncé à trouver l'amour. Certes, il doit perdre quelques kilos pour revenir au top de la séduction mais il s'y emploie : le pickleball est fait pour ça !

Une semaine avant sa disparition prématurée, les serveurs du The Apple Pan, le restaurant de hamburgers emblématique de Los Angeles, remarquent d'ailleurs sa prise de poids considérable, que ne parvient pas à cacher une tenue un peu négligée. L'acteur y déjeune avec un ami. Là aussi, il semble d'humeur légère et totalement décontractée. « C'était un gars bien et très gentil, nous glisse un employé du restaurant. Je me souviens que c'était une journée chargée, les gens ne le regardaient pas vraiment. » Ce 21 octobre sera pourtant la dernière fois où Matthew Perry sera photographié en public...

Voilà donc pour la version officielle ; celle des proches qui, au lendemain de sa disparition, sont unanimes sur ce point : Matthew allait beaucoup mieux !

Quelques semaines après la mort de Matthew Perry, Jennifer Aniston sort du silence qu'elle s'était imposé jusque-là. Elle accorde une interview exclusive au magazine américain *Variety* ; interview dans laquelle elle semble vouloir (un peu trop ?) insister sur le bonheur retrouvé de l'acteur. « Il était heureux. Il était en bonne santé. Il avait arrêté de fumer. Il se remettait en forme. Il était heureux, c'est tout ce que je sais », confie-t-elle. Jennifer Aniston est en larmes. Elle affirme avoir échangé avec lui le jour même de son décès : « Je lui ai encore envoyé des SMS le matin même de son décès. Il ne souffrait pas. Il ne luttait pas. Il était heureux. » Pour sa partenaire de *Friends*, il ne fait aucun doute que l'acteur était sur la voie de la guérison : « Je veux que les gens sachent qu'il était en très bonne santé. Il était en pleine reconquête, insiste l'actrice. Il a travaillé si dur pour ça. Il a vraiment été confronté à une situation difficile. Il me manque énormément. Il manque à nous tous car il nous a vraiment fait rire. »

À Los Angeles, les hommages à l'acteur de *Friends* s'accumulent. De nombreux fans inondent de fleurs, de petits mots et de bougies le portail de sa propriété. L'émission américaine satyrique « *Saturday Night Live* » observe une minute de silence... Ces témoignages bouleversent notamment ses parents et son frère. Dans un communiqué commun, ils disent « apprécier l'immense effusion d'amour » après « la perte tragique ». Jennifer Aniston n'est pas en reste, se déclarant heureuse et reconnaissante face à ces manifestations : « C'est tellement beau, s'exclame-t-elle dans *Variety*. J'espère qu'il saura qu'il a été aimé d'une manière dont il n'aurait jamais pensé l'être. » Et d'ajouter que, pour elle, Matthew reste un exemple et une inspiration : « Sa façon de parler a créé un tout autre monde. Nous [les Friends] avons suivi son exemple, d'une certaine manière. »

Matthew Perry, un exemple pour la bande de *Friends* ? Pas vraiment, si l'on se remémore les conditions dans lesquelles a été enregistrée « *Friends* : Les retrouvailles » — l'émission spéciale que leur a consacré la chaîne HBO en 2021. Dix-sept ans après la dixième et ultime saison de *Friends*, Ross, Joey, Rachel, Monica, Chandler et Phoebe étaient à nouveau réunis ; un rendez-vous suivi par 5,4 millions de fans aux États-Unis. Ce jour-là, Matthew Perry avait, de bien triste façon, volé la vedette à ses cinq partenaires. Si les téléspectateurs se réjouissaient d'avoir retrouvé le casting au complet, le principal sujet de conversation qui circulait après la diffusion de cet épisode spécial était, en effet, Matthew. Chandler, leur Chandler, y apparaissait en piteux état « faisant peine à voir », « incapable d'aligner un mot après l'autre », s'alarmaient les téléspectateurs sur les réseaux sociaux.

Les producteurs avaient pourtant tenté de cacher la réalité de l'état du comédien, très mal en point pendant tout l'enregistrement. Matthew Perry apparaissait souvent au second plan, ses interventions à l'antenne étaient rares... Recroquevillé sur sa chaise, il avait le phrasé pâteux. Jennifer Aniston avait beau essayer de l'aider à s'exprimer, Matt LeBlanc avait beau rire à n'importe quelle blague ratée que Chandler voulait faire, Courteney Cox avait beau vouloir le soutenir dans les coulisses en lui tenant la main… il était évident que l'acteur était ravagé par l'alcool et la drogue.

Volonté de ne plus rien cacher de ses démons ? La parution de ses mémoires, le 1er novembre 2022, un an après cette émission calamiteuse, était faite pour ça. Dès sa sortie, l'ouvrage, intitulé *Friends, mes amours et cette chose terrible*, devient un best-seller. Il sera à nouveau numéro un des ventes sur Amazon dès le lendemain de sa disparition. « Je me suis totalement libéré. Tout est sorti, confesse l'acteur. Ce n'était pas un livre si difficile à écrire, assure-t-il. En revanche, c'était beaucoup plus difficile à lire, parce que vous vous dites : “Wow, c'est vraiment une histoire horrible.” Mais il y a, malgré tout, de l'humour qui circule dans ce livre. »

Cet ouvrage aux allures de thérapie, Matthew Perry a d'abord tardé à le publier. La raison ? « Je voulais partager mon histoire une fois que je me sentais enfin à l'abri et éloigné du côté obscur, déclare l'acteur le jour de la parution de ses mémoires[1]. J'ai dû attendre d'être

1. Interview dans *People Magazine*, 31 octobre 2022.

assez sobre (et loin de la maladie de l'alcoolisme et de la dépendance) pour tout écrire. Et l'essentiel était que j'étais à peu près certain que cela aiderait les gens. »

Dans cet ouvrage, Matthew revient donc longuement sur ses problèmes d'addiction à l'alcool et à la drogue — une addiction apparue alors qu'il était très jeune. À la journaliste Diane Sawyer, Matthew Perry révèle avoir goûté à l'alcool pour la première fois à l'âge de quatorze ans (l'alcool est interdit à la consommation avant la majorité aux États-Unis, c'est-à-dire avant vingt et un ans)[1]. Contrairement à des adolescents qui s'amusent simplement à boire une petite gorgée, cette première consommation a déclenché une spirale qui l'a conduit à une obsession permanente pour l'alcool. « Je me souviens très bien de ce jour à Ottawa, au Canada. Je n'avais jamais bu auparavant. Et nous avons en quelque sorte bu une bouteille de vin entière. Je me suis allongé dans l'herbe et j'étais au paradis. Je me suis dit : "Cela doit être ce que les gens normaux ressentent tout le temps", et j'ai pensé cela à quatorze ans. À l'âge de dix-huit ans, je buvais quotidiennement. »

---

1. *ABC News*, octobre 2022.

Matthew Perry a vingt-quatre ans à peine quand il fait ses débuts dans *Friends*. Dix ans durant (une prouesse) l'acteur arrive à cacher sa consommation d'alcool aux acteurs et à l'équipe : « Au départ, je pouvais le gérer d'une certaine manière, assure-t-il. Mais, à trente-quatre ans, la situation était devenue plus complexe et j'étais vraiment coincé. »

Car, au fil des années, il lui devient trop difficile de taire son addiction — au point de risquer de gâcher la saison 7. Dans son ouvrage, Matthew explique ainsi que sa participation dans *Friends* manque d'être compromise lors du mariage de Chandler et de Monica. Le tournage de cet épisode est terrible : « J'ai épousé Monica et j'ai été reconduit au centre de traitement durant le point culminant de ma carrière et le moment emblématique de la série, explique-t-il. Je me suis retrouvé brutalement dans une sorte de camion conduit par un technicien qui était sobre. » Matthew devant réintégrer d'urgence son centre, Courteney est presque abandonnée devant l'autel, le père de Matthew exigeant que son fils soit libéré du tournage rapidement. « Mon père a menacé de m'enlever de la série lorsque les créateurs lui ont demandé si j'étais prêt à revenir pour tourner la grande scène finale, explique-t-il dans son livre. Je lui étais tellement reconnaissant d'être mon père et d'avoir agi comme un père, mais je ne voulais pas non plus être un problème. Ils faisaient juste leur travail ; ils avaient la série télévisée à succès numéro un et deux des personnages principaux étaient sur le point de se marier. Je ne pouvais simplement pas disparaître. » Un compromis est alors trouvé : Perry est transféré dans un établissement de désintoxication plus proche du studio où se tourne la série.

Matthew Perry ne le cache pas : la seule année où il fut sobre durant les tournages de *Friends*, fut l'année 2002. « Et devinez pour quelle saison j'ai été nominé pour la récompense du meilleur acteur ? » ironise-t-il. Pour la saison 9, les producteurs décident de donner plus de temps *off* à Matthew pour qu'il puisse se soigner. Ainsi, les scénaristes vont écrire que Chandler doit déménager à Tulsa, où il va diriger une nouvelle branche de sa boîte après s'être endormi en réunion et avoir accepté l'offre sans savoir de quoi il s'agissait. En raison de ses « difficultés personnelles et de la priorité accordée à sa santé », la production et son agent sont en effet convenus de réduire considérablement ses apparitions dans la série. Le personnage de Matthew

Perry va donc être temporairement éloigné du reste du groupe et moins apparaître à l'écran.

Que les tournages se déroulent normalement ou… chaotiquement, Matthew Perry sait qu'il peut compter sur la bande de *Friends* : « Bien que j'aie tenté en permanence de cacher mon état, les changements spectaculaires de mon apparence chaque année reflétaient mon état de sobriété. Mes camarades de *Friends* étaient compréhensifs et patients, explique-t-il. Ils agissaient comme des pingouins dans la nature. Quand l'un d'entre eux est malade ou très blessé, les autres pingouins l'entourent et le soutiennent. Ils marchent autour jusqu'à ce que ce pingouin puisse marcher tout seul. C'est un peu ce que tous les membres de *Friends* ont fait pour moi. »

Ses addictions lui ont coûté si cher… Lorsqu'il fait les comptes, Matthew / Chandler aligne des chiffres vertigineux. Ses problèmes d'accoutumance, affirme-t-il alors, lui ont fait débourser au total neuf millions de dollars ! De ses quinze ans à ses cinquante-trois ans, Matthew a participé à 6 000 réunions des Alcooliques anonymes, trente ans de thérapie, 15 centres de réhabilitation, 14 opérations chirurgicales et 65 cycles de désintoxication !

Car, en plus de l'alcool, Matthew Perry souffre d'une véritable dépendance aux médicaments. Il en souffre depuis qu'on lui a prescrit du Vicodin après un accident de jet-ski survenu, en 1997, quand il tournait *Coup de foudre et conséquences*. Il s'agit de dangereux opiacés qui sont des substances dérivées de l'opium, comme la morphine, et qui ont de puissants effets antidouleur. « Je ne savais pas comment m'arrêter, avoue-t-il dans son ouvrage. Si la police venait chez moi et me disait : “Si tu bois ce soir, nous allons t'emmener en prison”, je commencerais à faire mes valises. Je ne pouvais pas m'arrêter parce que la maladie et la dépendance sont progressives. Cela devient de pire en pire à mesure que l'on vieillit. » Cette dépendance use son corps : à la grande époque de *Friends*, il se « nourrit » de 55 Vicodin par jour et ne pèse plus que 58 kilos...

Bien avant ce sinistre 28 octobre 2023, cette dépendance manque d'ailleurs de causer sa mort.

Il l'évoque dès le début de ses mémoires : à quarante-neuf ans, il manque mourir des suites d'une perforation gastro-intestinale. En 2018, le comédien est entre la vie et la mort en raison de l'éclatement de son côlon, causé par une surconsommation d'opioïdes. « La situation était plus que critique, explique Matthew dans son livre. J'ai passé deux semaines dans le coma, cinq mois à l'hôpital et j'ai dû utiliser une poche de colostomie pendant neuf mois. Les médecins ont dit à ma famille que j'avais 2 % de chances de vivre. On m'a mis sous un appareil, appelé ECMO, qui se charge de gérer toute la ventilation de votre cœur et de vos poumons. Et cela s'appelle un « Je vous salue Marie ». Personne n'y survit. »

Pourtant, lui s'en sort. « Cinq personnes ont été placées sous ECMO, cette nuit-là ; les quatre autres sont mortes et j'ai survécu, dit-il. Donc la grande question est pourquoi ? Pourquoi étais-je le bon ? Il doit y avoir une sorte de raison. »

Une sorte de raison, mais laquelle ? Depuis 1997 et son accident de jet-ski, l'acteur oscille entre guérison et rechute. Dans les moments où il va très mal et où il essaie de se sevrer, il a un truc : « C'est ma psy qui a trouvé les mots en me disant : “La prochaine fois que vous penserez à prendre OxyContin, pensez simplement au risque d’avoir un sac de colostomie pour le restant de votre vie”, explique-t-il. Une petite fenêtre s’est ouverte et j’ai rampé dehors. Je ne veux plus d’Oxycontin. »

Pour se rappeler tous les problèmes causés par ses addictions, il suffit aussi à l’acteur de regarder les cicatrices qui marquent son corps : « J’ai dû subir 14 opérations chirurgicales au ventre ! s’exclame-t-il. Cela fait beaucoup de rappels pour rester sobre. Tout ce que j’ai à faire, c’est de baisser les yeux. »

Au moment de sa mort, Matthew Perry le torturé avait-il vraiment vaincu ses problèmes d’alcool ? Rien n’est moins sûr ; d’ailleurs, Matthew lui-même ne l’a jamais confirmé, refusant de dater son abstinence et préférant compter ses jours de sobriété : « C’est important de compter, mais si vous perdez votre sobriété, cela ne signifie pas que vous avez perdu tout votre temps et tout cet apprentissage, disait-il, comme pour se justifier. Votre date de premier jour de sobriété change, mais c’est tout ce qui change. Vous savez tout ce que vous saviez avant, malgré vos rechutes ; tant que vous avez été capable de vous frayer un chemin sans mourir, vous apprenez beaucoup. » Dans son ouvrage confession, il se disait en tout cas « extrêmement reconnaissant d'être en vie ». Et plus fort, aussi : « Ce qui me surprend le plus, c'est ma résilience. La façon dont je peux rebondir après toute cette torture et cette horreur. Je voulais raconter l'histoire, même si c'est un peu effrayant de raconter tous ses secrets dans un livre, je l'ai fait. Je ne laisse rien de côté. Tout est là-dedans, confie-t-il au magazine américain *People*. Mais c'est aussi une histoire pleine d'espoir. Parce que je suis encore là. »

Le 15 décembre 2023, après huit semaines d'enquête, les résultats de l'autopsie de Matthew Perry sont enfin rendus publics. Ils contredisent l'entourage qui persiste à dire que la veille de sa mort, l'acteur allait bien et révèlent que, le 28 octobre, Matthew Perry avait bien consommé des opioïdes. Notamment de la kétamine, un anesthésique puissant utilisé comme une thérapie alternative pour lutter contre la dépression, l'anxiété, le stress post-traumatique et d'autres problèmes de santé mentale. Un produit utilisé aussi à des fins récréatives car la kétamine a des propriétés psychédéliques qui ont fait perdre la raison à l'acteur. Ce jour-là, Matthew Perry avait eu la main lourde : la quantité de kétamine trouvée par les enquêteurs dans le sang du comédien était équivalente à la quantité qui serait utilisée lors d'une anesthésie générale ! Retrouvé inconscient dans son jacuzzi, Matthew Perry est donc décédé par noyade.

Autre enseignement de l'autopsie : les tests toxicologiques ont également révélé des niveaux « thérapeutiques » de buprénorphine ; un médicament utilisé pour traiter notamment la toxicomanie. Interrogé par la police, l'assistant de Matthew Perry précise que l'acteur consultait un psychiatre et prenait de la buprénorphine deux fois par jour, comme prescrit. Si les enquêteurs ont également trouvé des traces de sédatifs, ils n'ont découvert aucune trace d'alcool, de méthamphétamine ou de cocaïne. Le comédien avait trouvé d'autres produits parallèles pour compenser ses addictions.

Impossible donc, au vu de ces résultats, de dire que Matthew Perry allait bien.

Il n'a jamais renoué avec le succès après *Friends*. Le drame de sa vie est là, aussi. Contrairement à ses partenaires de la série, Matthew voit les portes des studios de cinéma et de télévision se refermer progressivement devant lui. Au début des années 2000, la série *The Whole Nine Yards*, tournée aux côtés de Bruce Willis, avait certes connu un succès honorable, mais ses films précédents tels que *Les Premiers Colons* (1998) ou encore *Un de trop* (1999) sont des échecs cuisants. Il le reconnaissait : le fait de ne plus tourner *Friends* lui manquait terriblement. Il nous l'avait confié, le 5 avril 2009, quand il nous avait accordé une interview à Los Angeles : « Les gens de la série me manquent, avouait-il tristement. Ce sentiment de se retrouver chaque jour ensemble me manque. Tout le monde a été là pendant dix ans, essayant de rendre ce show aussi bon qu'il pouvait l'être. Personne n'a jamais vraiment pris les choses à la légère. J'avais beaucoup de respect pour tous ceux qui faisaient ça. Vous voyez les mêmes personnes et vous essayez d'être aussi drôle que possible toute la journée. Il y avait une certaine sécurité là-dedans. Donc ça me manque. »

La déconvenue au cinéma se double d'une déconvenue à la télé. En 2006, il reçoit une nomination aux Golden Globes et aux Emmy Awards pour son rôle de professeur d'école dans *The Ron Clark Story*, mais ce téléfilm, diffusé sur la TNT, a peu d'impact sur sa carrière. La même année, il tourne dans la série *Studio 60* d'Aaron Sorkin mais le feuilleton est arrêté dès la première saison. La série *Mr Sunshine*, en 2011, ne dure que le temps d'une saison, tout comme l'année suivante avec *Go On* ou encore *The Odd Couple*, en 2015, qui s'arrête au bout de deux petites saisons. Collectionnant les échecs et les désillusions, Matthew Perry finit par se résigner à ne faire que de brèves apparitions dans des feuilletons : on le voit en guest-star aux côtés de Courteney Cox dans sa série *Cougar Town* ou encore dans *The Good Wife* avec Julianna Margulies, puis dans la suite de ce feuilleton — *The Good Fight*. Il incarne aussi le sénateur Ted Kennedy dans la mini-série *Les Kennedys, un royaume perdu*.

En 2016, Matthew annonce qu'il met un terme à sa carrière d'acteur. Des années plus tard, lors de son émission spéciale « *Friends* : Les retrouvailles », Matthew Perry avouera ne pas supporter l'idée de ne plus faire rire le public et de ne plus être compétitif dans son domaine. « Il n'y a rien de pire que de ne plus être aimé, déclare-t-il. Lors des enregistrements des épisodes de *Friends* en public, j'avais en permanence l'impression que j'allais mourir s'ils ne riaient pas. Et ce n'est pas sain, c'est sûr. Mais je disais parfois une phrase et ils ne riaient pas ; je transpirais, j'avais des convulsions... Si je n'obtenais pas le rire que j'étais censé avoir, je paniquais et je n'étais vraiment pas bien. »

C'est que Matthew Perry est un compétiteur né. Avant Hollywood, avant *Friends*, il a eu une autre vie : une vie d'efforts, de victoires et de sacrifices — au tennis.

Né à Williamstown, au Massachusetts, et élevé principalement à Ottawa, en Ontario, Perry s'est entraîné dès son plus jeune âge à raison de dix heures par jour. Il est devenu l'un des meilleurs joueurs de tennis juniors au Canada. « Ce sport était devenu pour moi une véritable obsession, confiait-il au magazine *Men's Health*[1]. J'étais un très bon joueur de tennis à Ottawa, au Canada, classé au niveau national quand j'avais treize ans. Puis j'ai déménagé à Los Angeles quand j'avais quinze ans, et tout le monde à Los Angeles me mettait la raclée. J'étais plutôt génial au Canada. Mais pas tellement à Los Angeles. C'était fou ! J'ai réalisé que je ne pourrai pas gagner ma vie en jouant au tennis, nous expliquait Matthew, alors je me suis lancé dans la comédie. Le tennis et la comédie

1. Le 10 septembre 2012.

sont-ils pareils ? Je ne sais pas. Ce sont tous les deux des jeux très mentaux. Ce sont deux choses très lourdes à vivre. J'espère que la compétitivité que j'avais en tant que joueur de tennis va disparaître à mesure que je vieillis. Quand j'avais vingt ans, je voulais faire mieux que tout le monde. Maintenant, je veux juste que tout le monde réussisse. » C'est donc contraint et forcé que Matthew s'oriente vers la comédie : « Abandonner le tennis n'a pas vraiment été une décision que j'ai dû prendre par choix », insiste-t-il.

C'est son père, l'acteur John Bennett Perry, qui lui a soufflé l'idée de tenter sa chance à Hollywood ; un père peu présent, ses parents ayant divorcé alors qu'il n'avait qu'un an : « J'ai vu son visage plus souvent à la télévision ou dans les magazines que dans la réalité », écrit-il dans ses mémoires à propos de son papa. Petit, Matthew est un enfant triste et solitaire. Bébé, il est agité, pleure beaucoup au point qu'un pédiatre recommande à ses parents de lui donner du phénobarbital — un barbiturique : « Une fois que le barbiturique était dans mon corps, je m'évanouissais… et cela faisait éclater de rire mon père. Il n'était pas cruel ; les bébés drogués sont drôles. Il y a des photos de moi bébé où vous pouvez dire que je suis complètement foutu, hochant la tête comme un toxicomane à l'âge de sept semaines. [...] Je pense que tout part de là, déclare-t-il, se demandant si ce médicament ne l'a pas prédisposé à une vie de dépendance. Dès l'âge de trente jours, j'ai pris ce médicament pendant un mois, écrit-il. C'est une période importante dans le développement d'un bébé, surtout quand il s'agit de dormir. Cinquante ans plus tard, je ne dors toujours pas bien. »

Le petit Perry passe son enfance entre le Canada, où il réside avec sa mère Suzanne Langford, et Los Angeles où vit son père : « Je me souviens avoir commencé à prendre l'avion seul à Los Angeles à l'âge de cinq ans pour rendre visite à mon père. Ne pas avoir de parent sur ce vol est l'une des nombreuses choses qui ont alimenté un sentiment d'abandon qui durera toute ma vie. » Si, durant les dernières années, le comédien s'était rapproché de son père, il n'a jamais oublié son enfance douloureuse, marquée par des parents absents. Dans ses mémoires, sa mère en prend d'ailleurs pour son grade : « Tout ce que je voulais, c'était qu'elle se retourne et se concentre sur moi, qu'elle soit avec moi. Et elle ne l'a jamais vraiment fait », confiera-t-il plus tard à propos de cette ancienne reine de beauté et journaliste qui fut notamment la porte-parole du Premier ministre canadien Pierre Elliott Trudeau et la présentatrice du journal de télévision pour la Global TV de Toronto. Sa mère remariée (elle a épousé Keith Morrison, célèbre journaliste animateur de l'émission américaine, « *Dateline* », sur NBC), Matthew Perry voit arriver des demi-frères et sœurs. Il se sent de trop et devient un adolescent à problèmes qui vole, fume de la marijuana et se bat à l'école. Il déménage alors à Los Angeles pour vivre avec son père. L'acteur tient rigueur de toute cette période à sa mère, plus qu'à son beau-père qu'il décrit comme toujours très présent pour lui venir en aide. Une fois star, le généreux Perry offrira d'ailleurs à son beau-père une Porsche 911.

Il fait ses premiers pas d'acteur à l'âge de dix ans, en 1979, quand son père lui donne un coup de pouce en lui offrant un petit rôle à ses côtés dans la série *240-Robert.* Mais les choses sérieuses commencent pour Matthew Perry en 1987 : il a dix-huit ans lorsqu'il décroche le rôle principal dans la série télévisée *Boys Will Be Boys.* Il obtient ensuite un rôle récurrent dans l'unique saison de la série *Sydney*, en 1990, et dans le célèbre feuilleton

Beverly Hills, 90210 et tient également le rôle principal, en 1993, de la première et unique saison de *Home Free*.

Ça marche gentiment, mais ce n'est pas la gloire dont il rêve et… pour laquelle il prie ! En témoigne cette scène que Matthew Perry raconte dans *Friends, mes amours et cette chose terrible*.

Dans son petit appartement de Los Angeles, l'acteur feuillette un magazine où il est question du scénariste Charlie Sheen : « L'article disait que Sheen avait encore une fois des ennuis pour avoir fait quelque chose de mal, mais je me souviens m'être dit : pourquoi devrait-il s'en soucier ? Il est célèbre ! écrit Perry. C'est venu de nulle part. Je me suis retrouvé à genoux, fermant les yeux et priant. Je n'avais jamais fait ça auparavant et j'ai dit : "Mon Dieu, tu peux faire de moi ce que tu veux mais, s'il te plaît, rends-moi célèbre." Trois semaines plus tard, j'ai été choisi pour jouer dans *Friends*. Et Dieu a certainement tenu sa part du marché, mais il n'avait pas non plus oublié la première partie de cette prière. »

Le coup de téléphone qui va lui amener cette célébrité dont il rêve, arrive en 1994… Deux créateurs producteurs de télévision, David Crane et Marta Kauffman, qui ont déjà fait tourner Matthew, lui proposent de passer une audition dans le cadre d'une nouvelle série qui aura pour titre *Friends like us*, devenu par la suite... *Friends* !

Matthew y va, même s'il a peu de chance de décrocher le rôle. D'abord, il est lié contractuellement à *L.A.X. 2194*, un autre projet de feuilleton en développement pour la chaîne Fox — une chaîne concurrente à NBC Entertainment, la chaîne de *Friends*. Ensuite, deux autres comédiens sont sur les rangs. L'un d'eux surtout, Jon Cryer, de la série *Mon Oncle Charlie*, est favori. Malheureusement pour lui et heureusement pour Matthew, Jon Cryer a enregistré son audition au Royaume-Uni où il tourne. Et la cassette de son audition, restée coincée à la douane, ne peut arriver à temps...

Le rôle sera donc pour Matthew qui se voit opportunément libéré de sa série sur Fox : « À l'époque, j'avais un terrible manager qui m'avait appelé pour me dire qu'il n'y avait plus d'argent dans la caisse, relate l'acteur dans l'émission « *Late Night With Seth Meyers* », en 2015. Alors j'ai appelé mon agent et je lui ai dit : "Tu dois me trouver n'importe quel travail ! C'était l'année où *Friends* est arrivé, mais je n'étais pas disponible car j'avais accepté un rôle sur un autre projet appelé *L.A.X. 2194* qui relatait les aventures des bagagistes à l'aéroport de Los Angeles en 2194. Puis un scénario pour une émission alors intitulée *Friends like us* est arrivé. C'était hilarant et génial, se souvient Perry. Il y avait ce rôle qui était parfait pour moi et ça me rendait fou de ne pas pouvoir y aller à cause de cette série sur des bagagistes. J'étais en train de perdre la tête. Heureusement, les responsables de la télévision qui ont vu *L.A.X. 2194* ont trouvé ce projet horrible et j'ai pu être libéré pour poursuivre le rôle de Chandler. »

Le 22 septembre 1994, la chaîne NBC diffuse aux États-Unis le tout premier épisode d'une série qui deviendra culte : *Friends*. Le succès est immédiat. Et les six Friends deviennent immédiatement des stars de premier plan. Ils deviennent aussi de vrais amis dans la vie. La bande des six part en voyage à Vegas ensemble, ils jouent au poker, dînent ensemble : enfin, Matthew, le solitaire Matthew, a trouvé une famille.

Le 31 janvier 1997, lors d'une de nos nombreuses rencontres à Los Angeles, il nous expliquait, selon lui, les raisons simples du succès phénoménal de *Friends* : « Je pense que la façon la plus simple de répondre aux raisons de ce succès est le fait que si les gens allument la télévision pour regarder l'émission, ils vont rire et je crois que cela n'a pas de prix, nous disait-il. Je pense également que c'est l'une des premières fois où une histoire est racontée et où chaque génération peut s'identifier d'une manière ou d'une autre à un des personnages. Si vous êtes très jeune, vous êtes impatient de vivre les aventures de ce groupe d'amis. Si vous avez la vingtaine, il y a des raisons évidentes pour lesquelles vous allez vous y identifier et si vous êtes plus âgé, vous allez regarder en arrière avec une certaine nostalgie. C'est une série très bien écrite, créée et exécutée chaque semaine par trois personnes vraiment talentueuses : David Crane, Marta Kauffman et Kevin Bright dont le talent a changé ma vie. »

Matthew Perry est reconnaissant. Il est aussi très séduisant. Le jeune comédien devient rapidement la coqueluche des téléspectateurs américains, et tout particulièrement des téléspectatrices... et de la gent féminine. De Cameron Diaz à Gwyneth Paltrow, en passant par Julia Roberts, peu d'actrices du show-business résistent alors au charme de Chandler. La Pretty Woman va même accepter de faire une apparition dans la série à une condition : que son personnage puisse avoir un lien étroit avec Chandler. Le co-créateur de la série, Kevin Bright, raconte ainsi au *Hollywood Reporter* comment Julia Roberts a participé, en 1996, à l'épisode intitulé « Celui qui a suivi le Super Bowl » dans *Friends*. « Vous savez comment nous l'avons eue ? Matthew lui a demandé de participer à la série et elle lui a répondu : "Écris-moi un article sur la physique quantique et je le ferai." J'ai cru comprendre que Matthew était parti, avait écrit l'article et lui avait faxé le lendemain. » Alexa Junge, l'une des scénaristes, précise : « Ils se sont probablement rencontrés avant l'épisode, elle s'intéressait à lui de loin parce qu'il était si charmant. Il y a eu beaucoup de flirts par fax. Elle lui donnait des questionnaires du genre : "Pourquoi devrais-je sortir avec toi ?" Et tout le monde l'aidait à lui expliquer pourquoi. » Des échanges qui finiront par convaincre la star de *Pretty Woman*. « Recevoir Julia Roberts dans la série a été incroyablement excitant. Lorsqu'elle a dit oui, c'était génial », se souvient Bright.

Dans ses mémoires, Matthew explique comment s'est nouée une *love story* entre Julia Roberts et lui : « Je lui ai envoyé trois douzaines de roses rouges, écrit-il, et la carte disait : "La seule chose plus excitante que la perspective que tu tournes dans la série, c'est que j'ai enfin une excuse pour t'envoyer des fleurs." Leur liaison commence… par une correspondance par fax ! « Trois ou quatre fois par jour, je m'asseyais près de mon télécopieur et regardais le morceau de papier révélant lentement sa prochaine missive, écrit Perry. J'étais tellement excité que certains soirs, je me retrouvais à une soirée en train de partager un échange coquin avec une jolie femme et j'écourtais la conversation pour pouvoir rentrer chez moi le plus vite possible et voir si un nouveau fax était arrivé. » Deux mois avant l'épisode de la saison 2 auquel participe Julia Roberts, les deux acteurs entament une liaison. « Je suis allé avec elle au Nouveau-Mexique pour passer le Nouvel An, en 1996, et j'ai pu rencontrer sa famille, se souvient-il. Je l'ai laissée entrer, au sens figuré comme au sens littéral, et une relation a commencé. Nous étions déjà en couple au moment où nous avons commencé à filmer l'épisode du Super Bowl de *Friends*. »

Pourtant, cette relation avec l'une des femmes les plus belles du monde ne va pas durer. C'est Matthew Perry qui va y mettre fin au bout de deux mois à peine, dans un épisode de sa vie qui pourrait s'intituler « Celui qui n'avait pas confiance en lui » : « Sortir avec Julia Roberts avait été trop pour moi, écrit l'acteur. J'avais constamment la certitude qu'elle allait rompre avec moi. Pourquoi ne le ferait-elle pas ? Je n'étais pas assez pour elle ; je ne pourrais jamais être assez ; j'étais brisé, tordu, peu aimable. Au lieu d'affronter l'inévitable agonie de la perdre, j'ai rompu avec la belle et brillante Julia Roberts. Elle aurait pu envisager de se moquer d'un gars de la télé, et ce dernier était maintenant en train de rompre avec elle. Je ne peux pas commencer à décrire l'air confus sur son visage. » Maigre consolation : l'épisode avec Julia Roberts diffusé sur NBC, le 28 janvier 1996, est regardé par 52,925 millions de téléspectateurs aux États-Unis.

Matthew Perry s'autodétruit. Avec les femmes, c'est toujours le même scénario et cela a commencé bien avant *Friends*. En 1990, « follement amoureux » de Valerie Bertinelli, sa partenaire dans la sitcom de CBS, *Sydney*, il a droit à une séance secrète de baisers partagés tandis que le mari d'alors de l'actrice, le rocker Eddie Van Halen, est évanoui à quelques mètres de là sous l'emprise de l'alcool[1].

---

1. « Valerie Bertinelli semble répondre à l'affirmation de Matthew Perry selon laquelle ils se sont "conciliés alors qu'elle était mariée à Eddie Van Halen", article du 27 octobre 2022, Citizenside.fr [en ligne] https://www.citizenside.fr/valerie-bertinelli-semble-repondre-affirmation-matthew-perry-laquelle-concilies-mariee-eddie-van-halen

En 1994, peu avant la diffusion de *Friends*, il embrasse Gwyneth Paltrow en se cachant avec elle dans un placard, mais l'histoire ne connaît pas de suite. « J'espère qu'elle trouvera que c'est une histoire mignonne à raconter », rigole-t-il dans le magazine *GQ*, en octobre 2022. En amour, c'est plus fort que lui : comme avec Julia Roberts, dès qu'une histoire devient sérieuse, il y met un terme. *Exit* l'actrice Yasmine Bleeth. Dans *Friends*, Chandler fantasme sur l'ancienne sirène de Malibu. Dans la vraie vie, Matthew Perry vit avec elle une histoire sans lendemain : « J'ai essayé d'être sérieux dans cette relation mais cela ne s'est pas bien terminé », se rappelait le comédien lors d'une de nos rencontres, le 31 janvier 1997. Idem avec Neve Campbell, dont il tombe amoureux sur le tournage du film *Un de trop* à Toronto, en 1998. Leur relation n'ira même pas jusqu'à la fin du tournage. La faute à sa « consommation d'alcool », explique Matthew Perry dans son livre, tout en écrivant que leur rupture lui « fait toujours mal ». Même scénario avec les actrices Heather Graham et Lauren Graham...

Pourtant, Matthew a envie de fonder une famille et de devenir père. Il s'interroge : et si la solution, c'était de vivre une histoire avec une anonyme ?

De 2003 à 2005, à trente-cinq ans, le comédien va vivre une relation calme et paisible avec Rachel Dunn, une étudiante britannique de dix-neuf ans, « Avec Rachel dans ma vie, je sais que je peux être très engagé et non un gars égoïste qui veut juste passer du temps avec des amis. Je veux passer du temps avec ma petite amie et explorer ce que signifie avoir une relation beaucoup plus étroite que ce pour quoi j'avais eu le temps auparavant », déclare-t-il alors. Matthew y croit, Rachel aussi, qui quitte New York pour s'installer avec lui à L.A. Mais, alors que des rumeurs de mariage commencent à circuler, le couple annonce sa rupture « amicale ». Revenu à ses amours hollywoodiennes, Matthew Perry a Cameron Diaz en « ligne de mire ». On est en 2007, elle vient de rompre avec Justin Timberlake et des amis organisent entre eux un dîner arrangé. Mais l'actrice n'est pas très intéressée. La rencontre orchestrée se termine mal.

Finalement, les histoires d'amour qui auront réellement compté pour Matthew Perry auront été les dernières.

Celle avec l'actrice Lizzy Caplan de 2007 à 2012, sera la plus longue : près de six ans de vie commune. Dans ses mémoires, il écrit que leur rupture le hante encore aujourd'hui : « Toutes mes peurs se sont dressées comme un serpent, explique-t-il. Je pense souvent que si je lui avais demandé de m'épouser, nous aurions maintenant deux enfants et une maison. Au lieu de cela, je suis un connard qui est seul dans sa maison à cinquante-trois ans ! »

Le 25 février 2015 à Los Angeles, lors d'une de nos rencontres, Matthew Perry nous confiait pourtant avoir changé : « On dit que les gens ne changent pas mais je suis la preuve que c'est possible, nous disait-il. Le fait d'être un peu plus âgé me permet d'être un peu plus sage. J'ai passé beaucoup de temps à essayer de me concentrer sur ma vie et d'être tout le temps un peu moins anxieux et nerveux et je pense que c'est ce qui a changé. J'ai fait beaucoup de méditation, beaucoup de travail sur la respiration, beaucoup de choses d'auto-assistance et beaucoup de changements personnels. Franchement, je constate dans ma vie que les gens peuvent changer chaque jour. »

Son histoire avec la jeune manager d'artistes et agent littéraire, Molly Hurwitz, sera la dernière. Matthew a-t-il changé au point de s'engager ? Sept mois après avoir officialisé sur Instagram, en 2020, l'acteur confirme avoir demandé la main de Molly, la qualifiant même de « plus grande femme de la planète ». Mais, en octobre 2021, c'est par un bref communiqué de presse que l'acteur dit rompre les fiançailles : « Parfois, écrit-il, les choses ne fonctionnent tout simplement pas et celle-ci en fait partie. Je souhaite le meilleur à Molly. » « On ne peut pas vraiment tenir quelqu'un à bout de bras, commente un proche de la jeune femme dans le magazine américain *In Touch*. Matthew se trouve dans un endroit très sombre et ses amis craignent qu'il n'ait rechuté. »

Deux ans plus tard, presque jour pour jour, la police de Los Angeles retrouve le corps inanimé du comédien dans le jacuzzi de sa villa.

Depuis ce jacuzzi, il adorait regarder les vagues de Malibu au loin et voir les lumières de la ville s'allumer ; des plaisirs simples pour un homme pour lequel rien n'avait été simple. Ces séances dans le jacuzzi soulageaient aussi son corps meurtri : après 14 opérations, son colon, expliquait-il dans ses mémoires, était « celui d'un homme de quatre-vingt-dix ans ».

Matthew Perry espérait pourtant que tous ses problèmes n'avaient pas été en vain. À une époque où il était redevenu sobre, l'acteur avait utilisé une partie de son temps et de son argent pour créer à Malibu, la *Perry house* : un centre de réhabilitation réservé aux hommes. Devant le Congrès américain, il s'était exprimé sur la toxicomanie, réclamant le rétablissement de tribunaux spécialisés en la matière. Un an à peine avant sa mort, Matthew avait déclaré au podcast « *Q with Tom Power* » : « Quand je serai mort, je ne veux pas que les gens se souviennent de moi comme étant l'acteur de *Friends*, mais comme celui qui a voulu venir en aide aux autres. »

Pourtant, c'est davantage de l'inoubliable acteur de *Friends* que le monde se souviendra ; d'un homme tendre et drôle, écorché vif, mais qui avait ses côtés obscurs — Révélés au monde trois petits mois après sa mort.Le 22 janvier 2024, le magazine américain *US Weekly* diffuse en effet plusieurs témoignages de ses proches dans un article intitulé « Son côté sombre que personne ne connaissait ». Selon l'hebdomadaire, la disparition de Matthew Perry n'a aucunement surpris son entourage. *US Weekly* dresse un portrait peu reluisant de l'acteur, affirmant, témoignages de trois proches à l'appui, que le comédien a menti sur sa sobriété pendant la tournée promotionnelle de son livre comme durant la période précédant sa mort. De plus, poursuit le magazine, son accoutumance aux médicaments n'était pas le seul problème. « Il était violent verbalement, émotionnellement et physiquement ! affirme une connaissance qui qualifie Matthew Perry de « manipulateur ». Tout ce qu'il savait faire, c'était provoquer de la douleur et jouer à la victime. » Un autre proche nuance toutefois : Matthew Perry « n'était pas un être humain horrible, mais il était tellement tordu par son addiction qu'il n'était plus lui-même ni l'homme qu'il devrait être ». L'hebdomadaire accuse même l'acteur d'avoir été violent avec ses amies et ex-petites amies. En mars 2022, il aurait ainsi agressé physiquement sa meilleure amie après que cette dernière, garante de son sevrage, a découvert qu'il prenait à nouveau ces médicaments qui le rendaient addict. Un ami raconte : « Il l'a jetée contre un mur, lui a lancé quelque chose au visage et l'a poussée sur un lit. Après l'incident, il s'est contenté de dire : “Si je voulais te faire du mal, je l'aurais fait.” » Son amie a rapidement fait ses valises et n'est plus jamais revenue.

L'enquête du magazine révèle d'autres faits troublants : en 2020, Matthew Perry aurait acheté le silence d'une de ses ex qui menaçait de le poursuivre en justice pour abus émotionnel et psychologique. « Elle a affirmé qu'il était violent et qu'il l'avait rendue accro à des drogues, notamment de l'oxycodone et des analgésiques », explique au magazine un de ses amis.

Matthew Perry aurait également été violent envers une de ses anciennes fiancées, après qu'elle l'a eu surpris flirtant avec une jeune femme de dix-neuf ans, sur l'application de rencontres Raya. « Il a jeté une table basse sur elle et lui a dit qu'elle était folle, raconte un proche à *US Weekly*. Il détestait qu'elle l'ait largué et il avait de terribles problèmes avec le sentiment d'abandon. »

Un sentiment d'abandon... comme celui ressenti après le divorce de ses parents ; comme celui, terrible, ressenti le dernier jour de tournage de *Friends*. C'est à se demander, au fond, si Matthew Perry savait depuis toujours qu'il ne se remettrait jamais de la fin de la série qui lui a apporté une famille et des amis pour la vie. Lors du dernier jour de tournage de *Friends*, il avait comme tout le monde pleuré à chaudes larmes. Mais il avait expressément demandé à la scénariste d'être celui qui prononcerait la dernière réplique. « La série m'avait donné une raison de me lever le matin et une raison d'y aller un tout petit peu moins fort la veille au soir, arguait-il dans ses mémoires. C'était le meilleur moment de notre vie. »

« Matthew était un homme assez seul. Il passait beaucoup de temps au Country Club, nous confie Matt Manasse, son partenaire de pickleball et ami, témoin de ses dernières années de vie. Pourtant, Il était très sociable. Il ne jouait pas du tout de son statut de star. Quand on se voyait, en dehors des terrains, c'était pour regarder, chez lui, des compétitions sportives, comme le Super Bowl. Je me souviens d'un jour où je devais rejoindre des amis pour fêter une victoire sportive qui me tenait à cœur et j'ai proposé à Matt de nous rejoindre en me disant : "C'est une star, nous sommes plus jeunes que lui, il ne connaît personne… Il ne viendra jamais !" Et, dix minutes avant le début de la soirée, il m'appelle et me dit "J'arrive !" C'était cela, Matt : la simplicité, la spontanéité et la générosité. Peu avant sa mort, sourit Matt, je lui avais envoyé une photo de Batman qui jouait au pickleball, qu'il a immédiatement partagée sur Instagram. »

Emportant avec lui secrets, mensonges et contradictions, celui qui a été fan de Batman tout au long de son existence, aura bien caché sa véritable personnalité. « Je suis Batman, confiait-il encore quelques mois avant de mourir[1]. Je ne résous pas les crimes mais je sauve la vie des gens. » L'inoubliable Chandler n'a pas réussi à sauver la sienne... Mais il a rendu la vie de ses proches plus facile. Le montant de la fortune qu'il laisserait s'élèverait à 120 millions de dollars. À partager entre son père John Perry, sa mère Suzanne Morrison, sa demi-sœur Caitlin Morrison et Rachel Dunn, son ancienne petite amie.

1. Interview dans *GQ*, octobre 2022.

CHAPITRE 2

Courteney Cox : « Plus Monica Geller que moi, tu meurs ! »

Et dire qu'elle n'aurait jamais dû jouer dans *Friends* ! Difficile à croire, tant elle a si bien habité le rôle de Monica Geller. Si Courteney Cox a finalement fait partie du projet, c'est parce qu'elle n'a pas eu peur de prendre des risques. Et cette prise de risque est, au fond, l'histoire de toute sa vie : sur tous les plans, professionnel comme personnel, Courteney Cox n'a cessé de provoquer le destin.

Courteney Cox est née et a grandi à Birmingham, en Alabama. Fille de l'entrepreneur en bâtiment Richard

Lewis Cox et de Courteney Copeland (née Bass), elle n'est vraiment pas destinée à une carrière hollywoodienne. Réservée, elle préfère passer ses journées seule à jouer avec ses poupées ou à des jeux de société, mais exclusivement avec ses cousins. « Enfant, j'étais plutôt timide, nous confie-t-elle lors d'une interview accordée au Four Seasons Hotel, de Beverly Hills, le 7 octobre 2009. Il ne me manquait rien quand j'étais enfant. Nous vivions comme si nous avions beaucoup d'argent et, pourtant, nous étions toujours ruinés ! »

Petite dernière de la famille, Courteney a du mal à se faire une place aux côtés de ses trois frères et sœurs ; une situation qui ne s'arrange pas lorsque ses parents divorcent en 1974, après dix-neuf ans de mariage. « Ce fut sans aucun doute le moment qui a eu le plus d'impact sur moi, confie-t-elle[1]. Durant ma jeunesse, le moment le plus marquant a été indéniablement le divorce de mes parents quand j'avais dix ans. »

La séparation de ses parents va influer sur bon nombre de ses décisions. Confiée à la garde de sa mère, Courteney

1. *The Guardian*, 16 mars 2019.

Cox va très mal vivre le fait de ne plus habiter avec son père, dont elle était jusque-là très proche. La situation empire quand sa mère s'installe avec Hunter Copeland, qui ne va pas tarder à devenir son beau-père. La jeune Courteney se rebelle alors contre sa mère, à qui elle en veut terriblement.

« Il faut toujours blâmer quelqu'un pour le divorce. En plus, je pensais que mon père était la personne la plus amusante au monde, déclarera plus tard Courteney. Avec le recul, je sais que ces deux-là n'étaient tout simplement pas faits l'un pour l'autre. » Alors qu'elle n'a que douze ans, elle ne comprend pas pourquoi sa maman ressent notamment le besoin de se remarier si rapidement. « J'avais dit au départ à ma mère que mon beau-père pouvait venir passer la nuit mais que sous aucun prétexte il ne pouvait dormir avec elle dans la même chambre », se souvient-elle. En désaccord avec la nouvelle vie de sa mère, Courteney fait alors tout pour être le moins possible à la maison. Elle n'a qu'une idée en tête : être indépendante, et, pour être indépendante, il n'y a qu'une solution : trouver un travail. À treize ans à peine, elle commence donc à travailler pour une association caritative en démarchant au téléphone pour récolter des dons. Lorsqu'elle rejoint le lycée de la Mountain Brook High School, à Birmingham, elle trouve un autre job après les cours en travaillant dans un magasin de fournitures pour piscine — une activité qui va lui permettre d'économiser suffisamment pour s'acheter une voiture, une Datsun 210 bleue, dès l'âge de seize ans, et pouvoir s'absenter souvent loin de chez elle.

En 1982, son bac en poche, Cox étudie l'architecture au Mount Vernon College, à Washington. Mais, dès la fin de sa première année, sa vie va prendre une tout autre tournure. Durant l'été, elle travaille comme assistante de bureau pour le neveu de son beau-père, Ian Copeland ; un agent musical de New York qui s'occupe à l'époque de groupes pop célèbres, tels que The Police ou The Cure. Malgré une différence d'âge de quinze ans et le fait que Ian ne soit pas vraiment célibataire, Courteney et Ian entretiennent une liaison amoureuse. Mais pas question pour autant de rester travailler dans les bureaux. En 1983, à dix-neuf ans à peine, Courteney veut réaliser son rêve : devenir mannequin. Ian Copeland lui suggère de tenter également une carrière de comédienne. Elle fera les deux !

Courteney est déterminée. Et c'est à elle seule qu'elle le doit. « Ma mère n'était vraiment pas une fonceuse, dit-elle[1]. Je suis reconnaissante de pouvoir être le contraire. » Après avoir signé avec l'agence de mannequin Ford, Courteney participe à des publicités pour Noxzema et Maybelline, tout en faisant quelques brèves apparitions dans des feuilletons. Mais c'est dans un clip, celui du célèbre tube « *Dancing in the Dark* » de Bruce Springsteen, réalisé par Brian De Palma, que Courteney est remarquée en 1984.

« Je me souviens de l'audition comme d'un gigantesque événement, nous confiait-elle lorsque nous l'avions rencontrée pour la première fois à Los Angeles, le 13 octobre 1997. Il y avait plus de 300 filles en compétition et je me suis vraiment sentie dépassée par toutes ces belles filles. Je me souviens que De Palma m'a demandé quelle était ma filmographie et quand je lui ai répondu : “Deux jours dans un soap opera mais vous pouvez changer cela”, il a souri et a fait en sorte que je sois prise. » Si cette apparition ne lui rapporte que 350 dollars, Courteney Cox est rapidement sollicitée par des agences et studios à Hollywood. Sa relation avec Copeland prend fin à ce moment-là.

---

1. *Ibid.*

Courteney réussit alors à vivre du métier d'actrice, mais non sans mal. Après une apparition dans des séries telles que *La Croisière s'amuse* et *Arabesque*, elle décroche un contrat dans un nouveau feuilleton intitulé *Superminds*, sur NBC, en 1985. Pour la première fois, elle obtient un rôle récurrent mais, après un tournage de quatre mois et 16 épisodes, la série s'arrête brutalement. La jolie brune goûte alors au quotidien difficile des jeunes acteurs hollywoodiens... Au cinéma, les petits rôles se succèdent. On la voit dans *Le Trésor de San Lucas*, *Les Maîtres de l'Univers*, ou encore *Cocoon : Le retour*. En 1987, le rôle de Lauren Miller dans la série *Sacrée Famille* aux côtés de Michael J. Fox lui permet de goûter un peu plus à la célébrité. « J'ai tellement appris en tournant dans cette série, nous avoue-t-elle lors de notre rencontre à Beverly Hills, le 11 février 2001. Je crois que ce fut sans aucun doute pour moi l'une des meilleures périodes d'apprentissage. Michael m'a beaucoup appris sur le timing. J'avais l'impression d'aller à l'école de la sitcom. »

Les années qui suivent ne vont malheureusement pas être très bénéfiques pour l'actrice... Ses petits rôles au cinéma ne débouchent sur rien et lui permettent simplement d'être encore un peu présente dans le circuit hollywoodien.

Il va lui falloir attendre 1994, soit dix ans après le tournage du clip de ses débuts, « *Dancing in the Dark* », pour qu'elle décroche enfin le rôle qui va bouleverser son existence : celui de la partenaire de Jim Carrey dans *Ace Ventura : détective chiens et chats*. C'est là son premier rôle vraiment important. « Même si c'était un second rôle, j'avais l'impression au moins d'être dans un film, nous glisse-t-elle, le sourire en coin, en 2001. J'ai tourné dans tellement de projets sans aucune conviction et en faisant des apparitions si brèves que c'était bien agréable, cette fois-ci, de ne pas devoir compter en secondes mes temps d'apparition à l'écran ! »

Bingo ! Comme une bonne nouvelle n'arrive jamais seule, Cox se voit également offrir la même année un rôle principal et récurrent sur le petit écran. Il s'agit d'une sitcom qui tourne autour des aventures de six jeunes amis vivant à New York. Après l'avoir aperçue dans d'autres sitcoms, les producteurs de ce projet sont unanimes : Courteney Cox serait parfaite pour incarner un personnage qui se prénomme Rachel ! Oui, mais...

voilà : si l'actrice a tout de suite aimé le scénario de cette future série, elle ne sent pas du tout, mais alors pas du tout, le rôle qui lui est dévolu ! Mieux ! Non seulement elle refuse de jouer le rôle de Rachel mais, en plus, elle fait une véritable fixation sur un autre personnage — celui de Monica. C'est Monica et pas Rachel qu'elle veut incarner ! « Dès ma première lecture du scénario, je me suis reconnue immédiatement dans ce personnage, nous explique-t-elle lors d'une de nos rencontres en 1997. Pour moi, il n'y avait même pas une seconde à hésiter ou à réfléchir. Le rôle qui me correspondait le mieux était tout simplement celui de Monica Geller car je me retrouve en elle et nous avons énormément de points communs. Dans la vie, plus Monica que moi, tu meurs ! »

Une jeune actrice peut-elle imposer ainsi ses conditions ? Évidemment que non ! Dans un premier temps, les producteurs et créateurs de la série ne donnent pas suite aux exigences de Courteney Cox. D'une part parce que, selon eux, Courteney ne correspond pas exactement au rôle de Monica. D'autre part, parce que d'autres comédiennes et pas des moindres sont déjà pressenties : l'actrice Nancy McKeon, célèbre pour son apparition dans la série *Drôle de vie*. Leah Remini également, qui aurait atteint le dernier tour des auditions. Celle-ci confiera plus tard avoir croisé Courteney Cox sur le parking après une audition et avoir compris alors immédiatement qu'elle n'incarnerait pas Monica. « Quand je l'ai croisée, elle dégageait quelque chose de tellement particulier que j'ai su que quoiqu'il arrive, je n'aurais pas ce rôle, confie Leah dans son ouvrage, *Troublemaker: Surviving Hollywood and Scientology* (Ballantine Books, 2016). Même s'il y a des projets pour tout le monde, je dois vous avouer que j'ai pleuré pendant des jours. » Peu de temps après, Leah décrochera le rôle principal de la série à succès *Un gars du Queens* et sera invitée par la suite en tant que guest-star dans *Friends*.

Alors… qui pour incarner Monica ? Au final, le choix se résume à Courteney Cox ou Nancy McKeon. La chaîne NBC décide de laisser les créateurs du feuilleton, Marta Kauffman et David Crane, prendre eux-mêmes la décision. Tempête sous deux crânes…

« Avec David, nous avons ressenti le besoin de partir nous promener tous les deux pour avoir les idées bien claires avant de prendre notre décision finale, explique

Marta Kauffman[1]. Au départ, Monica devait être une tout autre personne. À l'origine, elle était censée être plus sombre, plus vicieuse et plus sarcastique. » Même physiquement, Monica devait être différente ! Le personnage devait avoir les cheveux très noirs mais aussi les yeux très sombres. L'actrice aux yeux azur va malgré tout s'approprier totalement ce personnage, prouvant qu'elle est le bon choix. Mais elle va aller plus loin... Non seulement elle a pris le risque de refuser Rachel pour réclamer Monica, mais une fois obtenu le rôle tant convoité, Courteney Cox ne craint pas de changer totalement la version initiale de ce personnage. « Je dois admettre qu'elle a apporté tout un tas d'autres couleurs à ce personnage, ajoute Kauffman. Ce n'était pas évident de convaincre toute l'équipe des scénaristes mais, au fil du temps et de l'évolution de ce rôle, Courteney a prouvé qu'elle avait raison. »

Certains ont beau tout d'abord trouver que le personnage de Monica est trop superficiel et manque de profondeur et d'audace, les fans vont petit à petit adopter la sœur de Ross comme une figure incontournable de *Friends*. Plusieurs membres de la série, comme Lisa Kudrow, ont

1. *Vanity Fair*, octobre 2012.

même remercié publiquement Courteney Cox d'avoir aidé toute l'équipe à trouver sa place au début du tournage. Le talent de Courteney pour façonner son personnage s'est avéré être une victoire majeure pour tout le monde, même si elle a pris de gros risques pour y arriver. L'actrice a également œuvré à faire de la relation entre Monica et Chandler le fil rouge de son histoire dans *Friends*. Pour les scénaristes, la relation entre Monica et Chandler devait en effet durer seulement le temps d'une soirée ou plutôt d'un épisode. Mais l'engouement du public a été tel que les scénaristes ont été obligés de revoir tous leurs plans !

Dans l'épisode intitulé « Celui qui se marie » de la saison 4, alors que l'ensemble des acteurs se rend en Grande-Bretagne pour assister au mariage de Ross, « Chandler et Monica étaient censés avoir une aventure d'une nuit à Londres », raconte en effet Courteney Cox sur son compte Instagram. « Mais, grâce à la réaction du public, c'est devenu le début de leur grande histoire d'amour. »

Le producteur exécutif de *Friends*, Scott Silveri, se rappelle[1] comment ils ont commencé à faire des « petits

1. *Vulture*, 18 septembre 2019.

pas » vers la relation entre Monica et Chandler. Dès que Courteney Cox et Matthew Perry ont été d'accord avec l'idée, l'aventure a pu débuter. « Cette idée a commencé à se dessiner durant la saison 3 et les gens étaient enthousiasmés par l'histoire, raconte le producteur de *Friends*. Mais certains ont commencé à se demander si ce n'était pas prématuré et si ce n'était pas un acte un peu désespéré. » À l'époque, les scénaristes de *Friends* ressentent en effet une certaine lassitude à travailler constamment sur la relation entre Ross et Rachel. « Il y avait un peu d'ennui entre nous, les scénaristes, admet Silveri. Nous avions l'impression d'avoir déjà tout exploré entre Ross et Rachel. L'idée était que si la série doit être divertissante pendant des années, elle ne peut pas simplement reposer sur cette seule relation entre Ross et Rachel ».

Durant l'été 1997, les scénaristes se réunissent pour tracer les grandes lignes de l'histoire de la saison 4 à venir. L'objectif pour la fin de la saison est alors clair : Monica et Chandler doivent être ensemble mais l'approche doit être différente de celle avec Ross et Rachel. « Nous devions faire les choses naturellement et y aller progressivement, explique Silveri qui estime que le succès de cette nouvelle histoire d'amour a été une des raisons de la longévité de la série. Si nous n'avions pas eu une relation entre Monica et Chandler, si le centre de *Friends* était resté Ross et Rachel, nous aurions eu une durée de vie beaucoup plus courte pour la série. Sans Monica et Chandler, cela se termine trois ans plus tôt. Je ne leur dois pas toute ma maison, mais au moins deux chambres et une salle de bains sont grâce à eux ! [rires] »

Contrairement à d'autres Friends comme David Schwimmer, la popularité de la série n'a jamais dérangé Courteney ; même si elle admet que sa vie a été totalement bouleversée dès la diffusion de la première saison. Elle se souvient notamment d'un voyage organisé à Las Vegas par le réalisateur du début du feuilleton, James Burrows, avec tous les membres de la série juste avant que le premier épisode ne soit diffusé aux États-Unis. « Il nous a donné à tous 500 dollars, explique Courteney dans l'émission américaine « *Today* » de Willie Geist, en mars 2022. Et il a dit : "Je veux que vous fassiez attention, vraiment, à ce moment précis parce que ce sera la dernière fois que vous pourrez tous les six traverser un casino." Et nous nous sommes dit : "Vraiment ?" Et c'était vrai. Nous ne pourrions plus jamais faire ça. » Après ce voyage entre « amis », Courteney ne sera plus jamais capable de vivre incognito. « Ce n'est pas du genre : "Regardez-nous." Il ne faut pas exagérer ! Nous ne sommes pas, vous savez, les Beatles. Mais les gens ont l'impression de vous connaître, poursuit-elle. Si nous devions tous marcher dans la rue, les six ensemble, ce serait, je pense, vraiment intéressant à voir. »

Aujourd'hui, près de trente ans après le début de la série, Courteney Cox regrette cependant ne plus se souvenir en détail des années passées dans *Friends*. « C'est mon grand regret ! s'exclame-t-elle dans l'émission « *Today* ». Je suis un peu déçue que nous n'ayons pas passé plus de temps à prendre des photos ou à écrire sur des moments précis. Parce que je n'ai pas grand-chose sur quoi revenir. Je n'ai jamais eu une bonne mémoire et je suis triste de constater que je ne me souviens plus de beaucoup de choses. Je me souviens cependant à quel point je me sentais heureuse et à l'aise sur ce plateau de tournage avec cette équipe. »

Si Courteney Cox va bénéficier, grâce au succès de la série, d'une certaine stabilité et sécurité dans sa carrière tout au long des années *Friends*, la vie personnelle de la comédienne ne va cependant pas ressembler à un long fleuve tranquille.

Durant la première saison du tournage de *Friends*, la comédienne a bien du mal à cacher les difficultés de sa vie sentimentale. Depuis 1989, elle vit une relation passionnelle mais parfois chaotique avec Michael Keaton. L'incroyable succès du feuilleton commence rapidement à être une source de discorde au sein du couple. Pourtant, Courteney n'a jamais voulu rivaliser avec Michael et a toujours été en admiration devant la carrière de celui-ci. C'est d'ailleurs pour cette raison qu'elle a provoqué leur première rencontre. En 1989, impressionnée par ses talents de comédien, Courteney Cox exprime en effet son désir de le rencontrer *via* une amie commune qui va le lui présenter. Pour éviter les regards indiscrets des paparazzis, cette première rencontre a d'ailleurs lieu au domicile de Courteney. Alors que ce premier rendez-vous devait être une simple entrevue, une conversation engageante va durer de longues heures. « Nous avons parlé pendant cinq heures. Nous avons parlé de nos maisons de rêve – les plus belles que nous avions vues et celles que nous aimerions construire nous-mêmes, a-t-elle déclaré au magazine américain *People*, en 1995. Nous étions extrêmement proches et avions beaucoup de points communs. Souvent, nous n'avions pas besoin de parler. On se retournait et, en se regardant, on se comprenait immédiatement. »

Malheureusement, après six années de vie commune, Cox et Keaton se séparent en juillet 1995. « La famille de Courteney est très bouleversée par cette séparation car Michael était devenu très proche d'eux, avait confié un ami du couple au magazine *People* à l'époque. Mais, finalement, ils ont senti qu'ils n'étaient pas faits l'un pour l'autre. Michael n'a tout simplement pas envie d'être un époux. »

Courteney va avoir besoin de longs mois pour se remettre de cette séparation ; elle sera d'ailleurs tentée à plusieurs reprises de retomber dans les bras de Michael Keaton. Il faut une rencontre avec un autre homme, l'acteur David Arquette, en 1996, sur le tournage de *Scream*, pour que Courteney puisse définitivement tourner la page. Au printemps 1996, Cox va progressivement se rapprocher de David sur le tournage du film, qui est réalisé dans les environs de Los Angeles, du 16 avril au 8 juin. « Je me souviens qu'il commençait à avoir le sourire en coin lorsqu'il me voyait, nous explique Courteney lors d'une interview[1]. Je lui ai alors dit que j'étais totalement consciente de sa personnalité qui n'était certainement pas

1. Le 11 février 2001, à Beverly Hills.

compatible avec la mienne. » Après le tournage du premier volet de *Scream*, Cox va malgré tout finir par tomber dans les bras de David Arquette. Même si le couple ne semble pas avoir beaucoup de points communs, Courteney se souvient qu'une véritable alchimie a fini par se créer entre eux. « Les choses ont tout simplement convergé dans le bon sens et cela s'est fait d'une manière très naturelle », nous explique-t-elle.

« *Scream* a quelque chose de très nostalgique pour nous, confirme Arquette[1]. Nous nous sommes rencontrés sur *Scream 1*, et, sur *Scream 2*, nous étions en quelque sorte en couple. Et dans *Scream 3*, nous étions mariés. Et maintenant, sur *Scream 4*, nous avons un enfant. C'est en quelque sorte un marqueur incroyable tout au long de notre vie. »

Un enfant qui va se faire toutefois désirer très longtemps… Après avoir épousé David Arquette, le 12 juin 1999, en la cathédrale de la Grâce à San Francisco, Courteney Cox connaît sept fausses couches : à chaque fois, des anticorps attaquent le fœtus (elle découvrira

1. *People*, 15 juin 2010.

plus tard qu'elle est porteuse de la mutation du gène MTHFR, qui augmente le risque de caillots sanguins pouvant conduire à une fausse couche). Une situation qui éprouve fortement la comédienne. Au point qu'il lui devient de plus en plus difficile de se rendre sur son lieu de travail et de faire rire toute la galerie.

Courteney ne cache rien de ses difficultés pour devenir maman. « Ce n'est pas faute d'essayer, nous confie-t-elle en interview le 11 février 2001. Nous ne perdons cependant pas espoir et je sais que ce moment arrivera mais, pour cela, il faut que le bébé montre enfin le bout de son nez ! »

En 2004, lors d'un entretien avec la chaîne américaine *nbc*, Courteney Cox se remémore ces moments si douloureux : « Je me souviens d'une fois où je venais juste de faire une fausse couche tandis que Rachel était en train d'accoucher, confie-t-elle. C'était vraiment en même temps. Oh mon Dieu, quelle horreur ! C'était si terrible de devoir être drôle ! »

Courteney ne s'attendait pas à connaître autant de difficultés. « C'était vraiment bizarre parce que tout le monde dans ma famille a des enfants. Ils accouchent régulièrement et sans aucun souci. Personne dans ma famille n'a de problème. Donc, pour moi, je pensais que cela ne poserait aucune difficulté. Je tombe enceinte assez facilement, mais j'ai du mal à les garder. Alors, du coup, j'ai décidé de passer à la procédure *in vitro*, et je l'ai fait deux fois. À cela s'ajoutent des injections d'héparine tous les jours comme si je prenais une aspirine pour bébé. »

Après deux cycles de procédure de fécondation *in vitro*, Coco naît enfin en 2004, juste avant les quarante ans de Courteney. En dehors des tournages, celle-ci se consacre entièrement à son enfant, dont la marraine n'est autre que Jennifer Aniston, quitte à négliger son couple.

La complicité qu'ils affichent en public est trompeuse car la vie n'est pas toute rose dans l'intimité des deux stars. Tout d'abord, David commence à vivre mal le fait que son épouse soit désormais beaucoup plus célèbre que lui. « Je dois admettre que ce n'était pas évident pour moi de gérer cette situation, avoue l'acteur à l'animateur Andy Cohen dans le programme « *Radio Andy* » sur la radio SiriusXM. J'ai une conception, peut-être un peu dépassée, mais qui consiste à ce qu'un homme soit la personne capable de soutenir sa famille et de récupérer l'addition dans un restaurant. Dans le monde en général, tu es toujours sur ces montagnes russes de popularité et tu sais que tu ne parviens pas quelques fois à trouver un travail, ajoute-t-il. Dès lors, lorsque vous vous comparez avec votre partenaire qui est au sommet du monde de la télévision, il se met en place un certain malaise, un certain ego. » David Arquette déplore ne pas avoir été capable de surmonter ce problème : « Je regrette de ne pas avoir été à la hauteur pour gérer cette situation, de trop tenir compte de certaines influences extérieures et de ne pas avoir pu me concentrer sur moi-même. »

La perception de Courteney Cox est différente. Pour elle, son succès n'est pas la cause de leur problème ; c'est plutôt le mode de vie de son époux qui perturbe leur couple. « Je suis une introvertie qui n'aime pas sortir le soir mais qui préfère organiser des soirées entre amis chez moi, nous confiait Cox[1] peu après leur séparation. Je suis arrivée à un moment donné de notre relation où je ne supportais plus d'être sa mère. Je pense que le manque de maturité et de prise de conscience de la part de David

1. Le 14 octobre 2011, à Beverly Hills.

a sans aucun doute été les raisons principales de notre rupture. »

Des rumeurs d'infidélité, surtout du côté de David Arquette, ont également circulé à Hollywood. Le comédien se défend de toutes liaisons extraconjugales. Courteney Cox est, elle aussi, soupçonnée d'avoir trompé son mari avec un de ses partenaires dans la série *Cougar Town* — ce qu'elle a toujours nié.

Le 11 octobre 2010, Courteney Cox et David Arquette annoncent officiellement leur séparation. Le lendemain, dans une interview accordée au sulfureux animateur de radio, Howard Stern, David Arquette brise le silence et n'hésite pas à faire des révélations croustillantes sur sa liaison avec Courteney. « Nous n'avons pas eu de relations sexuelles... cela fait environ quatre mois. Elle n'a pas envie de créer des liens de cette façon », a confié David ce jour-là. Il est alors, de son propre aveu, un peu alcoolisé. « Elle sait qu'elle ne me baise plus et elle dit : "Écoute, je veux que tu sois capable de faire tout ce que tu as à faire." En gros, je suis libre d'aller voir ailleurs. » Pour l'élégance, on repassera... Les propos de son ex-mari rendent Courteney folle de rage. En avril 2011, elle se rend à son tour dans l'émission de radio de Howard Stern et accepte en direct une confrontation avec son ex…

« Je peux vous dire que ce fut l'un de nos gros problèmes dans notre relation. Chaque fois que j'ai besoin de consolation de la part de David, il ne peut littéralement pas mettre son bras autour de moi pendant une seconde sans avoir envie de me sauter ! » déclare Courteney. Très marquée des mois durant, à la suite de la mort de son père, l'actrice accuse son ex de ne pas avoir été à la hauteur : « Avec lui, dit-elle au cours de cet étonnant déballage public, c'était comme ça : "Oh, je suis vraiment désolé que ton père soit en train de mourir. On peut baiser ?" » Arquette intervint alors : « Non, cette fois-là, je me suis bien comporté. » Ce à quoi Cox répond : « Peut-être mais uniquement cette fois-là ! » Courteney ajoute avoir repoussé les assauts de David lors de récentes vacances en famille à Disney World. « Ce n'était ni l'endroit ni le moment pour le faire ! » rétorque-t-elle.

Leurs nombreuses séances de thérapie de couple n'auront donc pas servi à grand-chose… Séparés en octobre 2010 mais officiellement divorcés en juin 2012, le couple parvient à rester uni pour le bien de leur fille.

« La vérité est que nous nous aimons tellement. Nous avons une telle affection l'un pour l'autre, mais nous sommes très différents, nous confie-t-elle le 14 octobre 2011 au Four Seasons Hotel de Beverly Hills. Encore maintenant, je suis toujours en train d'essayer de gérer ce divorce. Quand vous êtes séparé, tout ce qui est une première fois devient vraiment compliqué. Votre premier anniversaire seule, votre première Saint-Valentin, votre premier anniversaire de mariage… C'est vraiment violent mais la bonne chose est que David et moi restons très proches. Ce fut une année où nous avons beaucoup appris, c'est certain. »

Même son de cloche du côté de David Arquette, qui se dit fier que leur séparation ait pu se faire de manière amicale. « Nous avons réussi à rompre d'une bonne manière, explique-t-il. La plupart des couples se déchirent à un point tel qu'ils finissent par se battre en dépensant beaucoup d'argent en avocats. J'encourage simplement les gens à vraiment essayer de trouver une solution à l'amiable et de le faire au moins pour leur enfant. »

En janvier 2013, dans « *The Ellen DeGeneres Show* », Cox va d'ailleurs déclarer, à propos de son ex-mari :

« C'est mon meilleur ami au monde. Je l'aime. » Même si elle a toujours été contre l'idée du divorce, Cox reconnaît que sa relation avec Arquette s'est, depuis leur séparation, nettement améliorée. « C'est mon meilleur ami et nous avons tous les deux grandi et changé, et je pense que nous nous apprécions tous les deux davantage », ajoute-t-elle.

Cette même année 2013, l'actrice renoue avec l'amour grâce au musicien Johnny McDaid. Le couple se rencontre pour la première fois, en septembre 2013, lors d'une soirée organisée chez Courteney, à Los Angeles. Depuis son arrivée à L.A. où elle ne connaissait personne, Cox a en effet pris l'habitude d'organiser une soirée chez elle presque tous les dimanches depuis vingt-cinq ans. « Quand j'ai déménagé en Californie, je n'avais pas de famille ici, explique Cox au magazine *Marie Claire*[1]. Je me disais que j'avais besoin d'une communauté. J'ai alors organisé chez moi, les dimanches, des dîners décontractés en ouvrant la porte de ma demeure pour de nouveaux et anciens amis. » C'est lors de l'un de ces dîners que Cox a rencontré celui qui partage sa vie depuis dix ans.

1. Le 17 octobre 2023.

Dans l'émission de radio de Howard Stern, en mars 2022, l'ancienne star de *Friends* a raconté par le détail ce jour où elle a fait la connaissance du musicien. Son amie et partenaire de la série *Cougar Town*, Christa Miller, avait invité Ed Sheeran à dîner chez Courteney Cox. Le chanteur avait emmené avec lui d'autres amis stars de la musique comme Taylor Swift et les membres du groupe Snow Patrol, Johnny McDaid et Gary Lightbody. De son côté, Courteney avait invité ses amis Sacha Baron Cohen, son épouse, Isla Fisher, et Jennifer Aniston. « Je me souviens avoir vu Johnny et m'être dit : “Oh, wow. Ce type est vraiment intense.” Il a des yeux incroyables et il joue du piano, raconte Courteney à Stern. Et je me suis dit : “Oh, il est vraiment très beau.” »

Totalement sous son charme, l'actrice fait rapidement part à Fisher de son béguin pour le guitariste, laquelle transmet le message à son mari. « Sacha s'approche alors de McDaid et Lightbody, et dit : “Hé ! Courteney veut baiser l'un de vous de Snow Patrol. Et ce n'est pas toi, Gary.” », se souvient Courteney Cox en riant. Coup de chance : Johnny McDaid est à Los Angeles pour travailler avec Sheeran sur son nouvel album. Depuis ce dîner chez Courteney, le couple ne va plus se séparer pendant de longs mois. Le 8 décembre 2013, Courteney Cox et Johnny McDaid sont vus ensemble pour la première fois, lors de la fête annuelle organisée par Jennifer Aniston chez elle, à Bel Air, en Californie.

Le 14 février suivant, le jour de la Saint-Valentin, Courteney Cox est aperçue à l'aéroport international de Los Angeles, en compagnie de sa fille et de Johnny. Surprise : elle a, au doigt, ce qui ressemble à une bague de fiançailles. Assailli de questions par la presse, son agent confirme que le couple est désormais fiancé.

Pourtant, alors que tout semble parfait entre eux, Courteney et son musicien annoncent annuler leurs fiançailles en novembre de la même année. « Il y a depuis longtemps des problèmes entre eux, glisse à l'époque un proche au magazine *People*. Il ne fallait pas se fier aux apparences ! »

Cette rupture ne va finalement pas durer très longtemps. Le couple s'affiche de nouveau ensemble, en mars 2016, dans un restaurant local en compagnie de Coco pour le déjeuner de Pâques avant d'aller faire du shopping à Malibu, puis ils sont aperçus s'embrassant à l'aéroport d'Heathrow à Londres.

Le 10 mai 2016, à Beverly Hills, lors de la cérémonie des BMI Pop Awards, Courteney Cox et Johnny McDaid confirment leur réconciliation. « Nous nous aimons… nous sommes heureux », confirme alors Courteney Cox. Johnny McDaid, lui, est plus disert : « Je ne sais pas si vous pouvez mettre une étiquette sur ce qui marche entre nous… mais je sais que je n'ai jamais aimé auparavant une personne comme j'aime cette femme », explique-t-il.

Il l'aime certes, mais… à sa manière ! « Il vient d'Irlande, explique alors Courteney[1]. Et la façon dont il gère l'amour est précieuse. Nous devons traiter l'amour d'une manière différente. C'est un sentiment plus spécial et je ne savais pas comment considérer l'amour à sa manière. Aujourd'hui, je réussis à le faire. […] Après notre rupture brutale, notre relation se déroule désormais dans un tout autre contexte. Tout est nouveau. Et nous avons tous les deux vraiment travaillé sur nous-mêmes. Désormais entre nous, c'est vraiment différent. »

---

1. *En pleine nature avec Bear Grylls*, août 2016.

En quoi consiste exactement cet amour « façon irlandaise » ? Difficile à dire. En tout cas, Courteney refuse de dire qu'ils sont fiancés. « Nous étions fiancés, mais maintenant nous sommes simplement ensemble, explique-t-elle le 29 janvier 2019, au « *Ellen DeGeneres Show* ». Nous avons rompu nos fiançailles et il a déménagé en Angleterre, puis nous nous sommes remis ensemble, et c'est en fait mieux qu'avant. Je pense que la distance après cette rupture (nous avons été séparés pendant six mois), cela nous a vraiment montré beaucoup de choses. C'est tout simplement mieux. »

Heureusement, la pandémie de Covid-19 va faire évoluer leur relation. Un mal pour un bien ! Coincés sur deux continents différents (elle à Los Angeles et lui à Londres), ils vont vivre presqu'un an loin l'un de l'autre, ne communiquant plus que par FaceTime pendant des heures. Le 24 septembre 2020, c'est sur Instagram qu'ils célèbrent le septième anniversaire de leur couple. « Il y a sept ans aujourd'hui, j'ai eu ma première rencontre avec cet homme incroyable… et ma vie a changé pour toujours. Je t'aime J ♥ », légende Cox avec un montage vidéo de leur histoire.

Enfin, le 11 décembre 2020, le couple se retrouve ! Depuis, ils en ont presque fini avec l'amour à distance. Johnny est désormais davantage présent aux côtés de Courteney, à Los Angeles. Le couple a fêté, le 26 septembre 2023, ses dix ans de relation.

Cette relation peut certes sembler loin d'être parfaite, mais elle convient à Courteney Cox. Il faut dire qu'avec le temps, la comédienne a appris à relativiser. De l'avis de ses proches, à l'approche de ses soixante ans (le 15 juin 2024), elle ne s'est jamais sentie aussi bien dans sa peau. La preuve ! Après avoir couru pendant de longues années chez son chirurgien esthétique pour apparaître toujours plus belle et plus jeune, l'actrice milite à présent auprès d'associations dénonçant les ravages de la chirurgie esthétique. La star de *Friends* avoue qu'elle regrette certaines interventions et explique comment elle aborde maintenant le vieillissement : « Je n'avais pas réalisé que j'avais l'air vraiment bizarre avec les injections et que je me faisais des trucs au visage que je ne ferais jamais maintenant. Il y a eu une période où je suis allée trop loin et j'ai dû tout arrêter », explique-t-elle aujourd'hui[1]. L'actrice regrette

1. *The Sunday Times Style*, février 2022.

que les pressions pour rester jeune à Hollywood aient eu des conséquences si néfastes sur elle. « Il fut un temps où j'étais résolue à changer. Car vous vous dites : "J'ai l'air plus vieille." J'ai donc tenté de partir à la quête de cette jeunesse pendant des années, avoue-t-elle. J'ai dû faire face à des problèmes intenses. Le jeu n'en vaut vraiment pas la chandelle. » Courteney explique avoir fait dissoudre des produits fixés sous sa peau. La comédienne se dit désormais déterminée à accepter son vrai visage et à vieillir gracieusement. La docteure Samantha Ellis, qui est spécialiste aux États-Unis de ceux qui souffrent de l'addiction aux produits cosmétiques et aux chirurgies esthétiques, a expliqué dans l'émission « *Good Morning America* », en février 2022, à quel point l'accoutumance à ce genre de phénomène peut être dangereuse pour des personnes telles que Courteney Cox. « Il y a cette chose dans les cosmétiques appelée dérive de perception où, dès que vous changez d'apparence, vous vous adaptez très rapidement à ce nouveau look. Cela devient alors votre référence et il est donc très facile avec le temps d'en faire trop, explique-t-elle. Lorsque vous décidez de dissoudre vos produits de comblement ou de cesser les interventions cosmétiques, vous revenez petit à petit à ce qu'était votre ligne de base. Mais vous devez comprendre que si vous utilisez des injections depuis dix ans, votre apparence changera considérablement. »

Sexy sexa', Courteney Cox affirme qu'elle s'en tient à présent aux produits de beauté classiques et attend avec impatience de voir ce que l'avenir lui réserve. « Il ne fait aucun doute que je me sens mieux dans ma peau aujourd'hui, dit-elle. J'ai tellement appris dans ma vie, à savoir les choses dont je devrais plus profiter ou essayer de faire davantage... mais aussi celles que je devrais simplement laisser tomber. »

« Laisser tomber », Courteney l'a compris progressivement depuis l'arrêt de *Friends*. Après la fin de la série culte, Cox n'a jamais réussi à renouer avec un succès équivalent. À l'écran, elle incarnera souvent des femmes fortes, à son image. De 2007 à 2008, elle est l'héroïne du feuilleton *Dirt*, qu'elle produit. Elle y incarne la redoutable rédactrice en chef d'un magazine à scandale. Certes, Courteney ne dépassera pas le compteur des 20 épisodes, mais elle affirme avoir adoré le produire. Avec *Cougar Town*, la comédienne connaît un peu plus de réussite car cette série restera à l'antenne de 2009 à 2015. Même si le feuilleton n'a jamais rencontré un grand succès, ce programme qu'elle a aussi produit peut au moins se targuer d'avoir existé durant 102 épisodes. En 2022, elle a pu tourner une autre série intitulée *Shining Vale* qui relate les aventures d'une famille qui s'installe dans une petite ville, et plus précisément dans une maison où de terribles atrocités ont eu lieu. Un feuilleton bien accueilli par les critiques mais qui n'est pas allé plus loin que 16 épisodes. Quant au cinéma, à part ses nombreuses aventures dans *Scream*, dont elle a tourné en 2023 le sixième volet, les studios hollywoodiens ont décidé purement et simplement de l'ignorer.

C'est sans doute la raison pour laquelle l'actrice s'est lancée en parallèle dans une carrière d'entrepreneuse dans des domaines n'ayant rien à voir avec le cinéma. En 2020, la comédienne a lancé sa propre ligne de produits d'entretien ménagers baptisée Homecourt. Pour Jennifer Aniston, ce projet est d'une évidence telle que Courteney aurait dû le lancer il y a bien longtemps : « Je me dis : “Eh bien, qu'est-ce qui t'a pris si longtemps, meuf ! Tu es vraiment dans ton élément.”, confie-t-elle au magazine *Marie Claire*[1]. Le nombre de fois où je l'ai trouvée par

1. Le 17 octobre 2023.

terre, à quatre pattes, en train de frotter quelque chose, à chaque fois que j'entre chez elle ! »

Considérée comme une fée du logis, Courteney, à l'instar de Monica, passe en effet un temps infini à faire le ménage, son pulvérisateur de désinfectant à la main. Son amour du design d'intérieur est bien connu, tout comme sa passion pour les odeurs. N'a-t-elle pas été, pendant plus d'une décennie, littéralement obsédée par le parfum *Jour de Fête* de la ligne française L'Artisan Parfumeur ?

Aussi, lorsque son ami, Bilal Mekkaoui, de la compagnie de JOBI, l'a appelée un matin pour lui proposer de démarrer une ligne de bougies et une éventuelle gamme de produits d'entretien de la maison, l'actrice n'a pas hésité. « Je n'y ai pas trop réfléchi, dit-elle. Je me suis juste dit : "Ouais, faisons ça." » Seule condition : que ces produits soient conçus sans produits chimiques agressifs et avec des parfums de luxe.

Car Courteney, la perfectionniste, ne laisse jamais rien au hasard : « Il y a plein de marques de célébrités mais je ne sais pas si toutes ces vedettes sont vraiment impliquées dans leurs marques. Je peux vous dire que, pour ma part, je le suis réellement ! Ce n'est pas quelque chose que je fais pour l'argent. J'aime tout simplement le travail bien fait », confirme-t-elle[1].

Comment ne pas la croire ? Elle, qui a désormais intégré le club des célébrités ayant leur propre gamme de produits (Gwyneth Paltrow et Goop, Rihanna et Fenty Beauty, Jessica Alba et The Honest Company…), redouble à la fois d'audace et de lâcher-prise. « Maintenant, la peur ne joue plus un rôle aussi important dans ma vie, déclare-t-elle[2]. J'ose et je me pousse davantage à prendre chaque jour plus de risques. »

Amours, dépendance à la célébrité et au jeunisme, chirurgie esthétique… Au fil des années, au propre comme au figuré, on peut dire que l'inoubliable Monica a parfaitement fait le ménage dans sa vie.

---

1. *The Guardian*, 16 mars 2019.
2. *Marie Claire*, 17 octobre 2023.

CHAPITRE 3

Matt LeBlanc : la revanche sociale

De tous les Friends, Matt LeBlanc est celui pour qui la série a représenté la plus spectaculaire ascension sociale. Si, en 2023, la fortune de l'acteur était estimée à plus de 85 millions de dollars[1], avant d'être engagé pour jouer le rôle de Joey, il vivait en effet dans la précarité.

Né le 25 juillet 1967 à Newton, dans le Massachusetts, d'une mère d'origine italienne et d'un père dont les ancêtres français ont immigré au Canada, Matt LeBlanc

1. Selon le site CelebrityNetWorth.

est issu de la classe ouvrière. Sa maman Patricia est une mère célibataire courageuse qui fait les trois-huit pour subvenir à leurs besoins depuis que son mari Paul LeBlanc a quitté le foyer pour les beaux yeux d'une autre : « Mon père a été marié huit, neuf, dix fois… C'était un homme à femmes, explique Matt dans une interview au *Daily Express*[1]. Maintenant, il est vieux. Je ne lui parle plus. On peut aussi tirer de précieuses leçons des personnes désagréables. » Matt LeBlanc ne fera d'ailleurs la connaissance de son géniteur qu'à l'âge de huit ans – ce dernier s'étant installé en Australie pour refaire sa vie où il aura un autre fils.

Matt LeBlanc est un adolescent passionné de moto. Il aimerait devenir pilote de motocross, participe d'ailleurs à de nombreuses compétitions juniors, avant que sa mère, inquiète pour sa sécurité, finisse par le dissuader de poursuivre son rêve.

En 1985, après avoir terminé péniblement ses années de lycée à la Newton North High School, il entame des études de mécanique.

---

1. *Daily Express*, mai 2016.

Au média *Car and Driver*, il raconte comment un cadeau de son père a déclenché chez lui le goût pour la restauration de vieilles voitures[1] : « Mon père m'a offert une camionnette Nissan de 1984. Elle était toute neuve. J'étais, d'un côté, excité mais, de l'autre, déçu parce que je voulais un modèle qui nécessitait du travail de mécanique. Je voulais avoir cette expérience pratique. Je l'ai donc vendue et j'ai acheté un Blazer 78 doté d'un kit de levage de quatre pouces et de gros garde-boue de 36 pouces. J'ai fait quelques travaux dessus. C'était une superbe voiture. J'ai tout fait moi-même. J'ai fait la carrosserie et je l'ai peinte à l'école. »

Mais la passion pour la mécanique n'a duré qu'un temps, Deux semaines à peine après le début de ses études Matt change de registre et s'intéresse au travail du bois – mais au travail du bois en intérieur. Pas question de construire et monter des charpentes ! « Je me suis rendu compte que je ne voulais pas passer ma vie à planter des clous dans la neige en Nouvelle-Angleterre, explique-t-il lors de son passage dans le célèbre talk-show de Conan O'Brien sur la chaîne américaine TBS[2]. Je voulais un

1. *Car and Driver*, février 2018.

2. « *Conan on TBS* », janvier 2015.

travail à l'intérieur, où l'on peut travailler au chaud. C'était mon ambition. » Le jeune Matt décroche alors un stage d'artisan décorateur sur un tournage de film : « Je travaillais en tant que menuisier pour une société de production de films et j'ai dit à ma mère : "Je pense que je vais arrêter ça et je vais déménager à New York pour devenir acteur.", se rappelle-t-il. Et elle a dit : "Quoi ? Oh, Matthew, que sais-tu du métier d'acteur ?" J'ai dit : "Rien. Je n'en sais rien mais je vais essayer de le découvrir." »

Arrivé à Manhattan, Matt LeBlanc mise d'abord sur sa belle gueule pour gagner de l'argent. Il tente les castings pour devenir mannequin, mais sa petite taille (1,70 m) joue contre lui. À deux doigts de se décourager, il va alors recevoir un petit coup de pouce du destin : « Je marchais vers le métro, raconte Matt au *Telegraph*[1]. Je me suis retourné pour regarder le cul d'une fille. Elle s'est retournée et a regardé le mien. Nous avons tous les deux éclaté de rire et nous avons commencé à parler. » La jeune fille, actrice, invite Matt à l'accompagner à une audition et le présente à son agent.

---

1. *The Telegraph UK*, février 2014.

L'homme propose à Matt de faire une lecture pour une publicité et l'engage sur-le-champ. Son premier spot TV est un message d'intérêt public pour la Constitution des États-Unis d'Amérique. « Cela m'a valu d'obtenir ma carte syndicale, se souvient-il dans les pages de *GQ*[1]. J'ai gagné 300 dollars par jour, mais j'ai dû payer 800 dollars pour adhérer au syndicat. J'ai dit à l'agent : "C'est le monde à l'envers, merde, qu'est-ce qui se passe ? J'ai gagné 300 dollars et maintenant je dois 500 dollars ?" L'agent m'a répondu : "Oui, vous devez adhérer au syndicat, c'est une bonne chose. Je vais vous prêter les 500 dollars." »

Beau gosse, travailleur, toujours dispo, Matt devient dès lors un visage récurent de la publicité aux États-Unis. Il vente, tour à tour, les délices du ketchup Heinz®, des chips Doritos® et du Coca-Cola® avant d'être choisi comme égérie du jean culte de Levi's® : le 501.

Matt fait aussi quelques apparitions dans les séries télévisées *TV 101* et *Mariés, deux Enfants*. Mais aucun de ces rôles ne lui apporte la stabilité financière dont il a besoin…

---

1. *GQ*, juin 2012.

Sans domicile fixe, il use de son irrésistible charme pour convaincre deux hôtesses de l'air de l'héberger. Il leur a fait croire qu'il est solvable car il dispose, affirme-t-il, d'un énorme fonds fiduciaire. Las ! Son apparition dans le clip de la chanson « *Walk Away* » (1991) de la Canadienne Alanis Morissette, lui permet à peine de participer à un mois de loyer… Il est à deux doigts de se retrouver à nouveau à la rue quand on lui propose d'auditionner pour *Friends*. Incapable de se payer une assurance médicale, il se soigne lui-même les dents. Et sur son compte en banque, il n'a plus que… 11 dollars.

Lors de l'émission des retrouvailles, « *Friends* : Les retrouvailles » en 2022, Matt LeBlanc s'est souvenu des jours qui ont précédé son casting pour la série. Alors qu'un de ses amis le fait répéter, il a une très mauvaise idée : « Il [son ami] m'a dit : “L'émission parle d'un groupe d'amis ? Alors on devrait aller boire un coup !” » Les garçons font alors la tournée des bars et des boîtes jusqu'au lever du jour. Matt se souvient de s'être réveillé dans son appartement avec une sacrée gueule de bois : « Je me suis levé trop vite et – je n'arrive pas à croire que je vous raconte ça – j'ai perdu connaissance et je suis tombé la tête la première dans les toilettes, révèle-t-il. Je me suis cogné le nez sur le fond du siège des toilettes et un énorme morceau de chair s'est détaché de mon nez. Je me suis regardé dans le miroir et je saignais. »

Lorsque l'acteur se présente au casting de *Friends*, quelques heures plus tard, une énorme cicatrice lui barre le visage. Marta Kauffman, co-auteur de la série, est inquiète. Elle lui demande : « Qu'est-ce qui est arrivé à ton visage ? » Matt joue la carte de l'honnêteté et raconte sa nuit de fête et le petit accident qui en a découlé : « J'ai dit la vérité et j'ai obtenu le job. »

Le choix de Matt LeBlanc n'est pourtant pas évident pour les producteurs de la série, qui pensent d'abord offrir le rôle de Joey à l'acteur australien Louis Mandylor, vu dans la série *Hartley, cœurs à vif* (l'acteur jouera finalement le rôle de Carl, jumeau de Joey dans la série). Mais le charme de Matt, son énergie et… son honnêteté les feront in extremis changer d'avis.

Les acteurs aiment se souvenir de ce qu'ils ont fait avec leur premier cachet : ils aiment souvent raconter qu'ils ont fait une folie en s'achetant une voiture, une belle montre, un sac hors de prix… Pour Matt, la réalité est plus prosaïque. Son premier cachet a des allures de survie car l'argent du premier épisode de *Friends* à peine touché, il file, affamé, s'offrir un bon repas chaud. Il ne s'imagine pas alors qu'il a décroché le rôle de sa vie. Celui qui va lui permettre d'offrir à sa maman adorée, celle qui s'est saignée les veines pour lui quand il était petit, tout le confort matériel dont ils ont tant manqué. Après lui avoir acheté une Mercedes, c'est une maison qu'il acquerra pour qu'elle n'ait plus à se soucier du lendemain.

Bon fils, bon acteur, bon copain… Tout le monde aime Matt. Ce n'est pas un hasard s'il est l'un des éléments centraux de l'harmonie qui règne sur le plateau de *Friends*. Le jeune acteur sait fédérer, et il est malin. Tout le monde à la production se souvient par exemple de la journée de saut en parachute offerte par Matt aux auteurs de la série, avec une petite idée en tête : les soudoyer pour qu'ils écrivent les meilleures punchlines pour son personnage de Joey. Matt LeBlanc est revenu sur cette histoire lors de son passage dans le talk-show de Stephen Colbert, en 2016 : « Une fois, j'ai pris les scénaristes – vous savez à quoi ressemblent les scénaristes des émissions –, des écrivains quoi… Quatorze des personnes les plus geeks, des nerds… Bref, je les ai tous emmenés faire du parachutisme. Nous avons suivi les consignes, nous sommes montés dans l'avion et ils ont tous sauté dans le vide. À la fin, il fallait voir comment ils marchaient. On aurait dit des John Wayne. » L'acteur avait simplement voulu les secouer un peu pour stimuler leur créativité. Mais il a admis que les producteurs de la série n'ont pas vraiment apprécié qu'il jette d'un avion ces éléments essentiels au succès de *Friends*. « Je leur ai promis de ne pas recommencer. Mais, franchement, je trouve que les répliques et les blagues de Joey se sont améliorées au cours de la saison 3 », plaisante Matt, très content de son coup.

Il faut dire qu'avec sa naïveté et sa nonchalance, Joey est le personnage chouchou des téléspectateurs du monde entier. Matt va d'ailleurs s'en rendre compte lors d'un voyage à l'autre bout du monde, comme il le confie à l'animateur Stephen Colbert : « J'ai rencontré la tribu des fans de *Friends* la plus dingue au Maroc. Ces gens, je ne plaisante pas, vivaient dans de véritables grottes, raconte Matt LeBlanc. J'ai vu comme une rallonge électrique entrer dans la grotte [la rallonge était raccordée à une TV] et entendu la chanson « *I'll be there for you* » sortir de la grotte. Et là, les habitants me disent : "*Are you doing*? [célèbre réplique de Joey dans *Friends*]" ; je ne pouvais pas dire s'ils me demandaient comment j'allais ou s'ils citaient la série. »

Et ce n'est qu'un début ! Au fil des épisodes, la popularité de Matt LeBlanc explose dans le rôle de Joey Tribbiani – le *serial lover* de *Friends*. Sa cote auprès de la gent féminine est au plus haut. Sa première petite amie officielle, la sulfureuse star de *Playboy* Tonya Poole, fera des jalouses, quelques années plus tard, en racontant par le détail leur relation dans les journaux. Dans une interview accordée au journal britannique *The Sun*[1], elle révèle en effet les moindres secrets de leur vie intime, au cours d'une liaison qui durera trois ans : « Matt est tout ce qu'une femme peut désirer et plus encore. Pour lui, faire l'amour est une question de qualité, pas de quantité, raconte-t-elle avec des trémolos dans la voix. Il prend son temps pour vous courtiser et vous séduire. Il me faisait couler des bains et me massait doucement chaque centimètre carré de ma peau avec de l'huile. Nous prenions de longues douches torrides ensemble. Matt adore faire l'amour et il est le meilleur. Quand il concentre ses grands yeux sombres sur vous, vous

1. *The Sun*, février 2022.

avez l'impression que tout son univers tourne autour de vous. »

Dans cet article confession, Tonya confie aussi qu'elle et Matt faisaient, au temps de leur relation, de véritables « marathons » sexuels : « On faisait l'amour jusqu'à quatre fois par nuit, et, sur la plage, il y avait notre "grotte préférée" dotée d'une acoustique incroyable », se souvient-elle.

Après leur rupture, les conquêtes (dont une histoire avec Kate Hudson) vont s'enchaîner. Matt s'affiche avec le mannequin et athlète Gabrielle Reece. Puis, il pique Minnie Driver à l'acteur Matt Damon. Après une courte relation avec Symba Smith, il sort avec la star du porno Jenna Jameson, puis avec la future star de *The Real Housewives of Beverly Hills*, Brandi Glanville. Cette dernière racontera dans l'émission « *Watch What Happens Live With Andy Cohen* » qu'alors qu'ils sortaient ensemble, Matt LeBlanc l'avait « trop dégoûtée » parce qu'il avait laissé son chien lécher sa glace…

Mais il a beau collectionner les fiancées, le cœur de Matt LeBlanc n'appartient à l'époque qu'à une seule femme : sa mère, Patricia. Il revendique d'ailleurs que son mantra est : « Les copines vont et viennent, mais ma mère sera toujours là pour moi. »

En 1997, trois ans après le début de *Friends*, une femme va cependant changer la donne. Cette année-là, Matt LeBlanc croise le regard de celle qui va devenir le grand amour de sa vie : le mannequin britannique Melissa McKnight, de deux ans son aînée. C'est l'acteur du film *La Bamba*, Lou Diamond Phillips et son épouse Kelly, qui les présentent l'un à l'autre. Melissa sort tout juste d'un divorce d'avec le cinéaste Anthony Esposito avec qui elle a eu deux enfants. « Mon pote Michael Douglas, se souvient Matt LeBlanc dans les pages d'*Ok Magazine* en 2004, m'a dit : "Le mariage est la voie à suivre." Et je suis d'accord à cent pour cent avec lui. Il y a eu des moments où je courais les jupons partout dans la ville, mais ces jours sont révolus… Je veux concentrer mon énergie sur Melissa maintenant. »

Melissa, mère de famille, lui offre la stabilité du foyer qui lui a tant manqué : « C'est ma cellule familiale. Certains de mes copains me demandent si je ne suis pas nostalgique du bon vieux temps. Ils rient quand je leur dis : “Quand ils sont bons, les nouveaux jours sont les meilleurs.” »

En 2003, Matt LeBlanc épouse Melissa McKnight à Hawaï. Un an plus tard, le couple accueille une petite fille, baptisée Marina Pearl. « Je me souviens de la naissance de ma fille Marina, confie Matt LeBlanc au *Daily Mirror*, en 2016. À la seconde où j'ai posé les yeux sur elle, j'étais amoureux, et je n'avais jamais ressenti cela auparavant. Je n'arrivais pas à y croire. J'ai su, dès cet instant, que rien ne m'empêcherait jamais de l'aimer – même si elle défonçait ma Ferrari. »

2004 est donc une grande année pour lui. Désormais père de famille et bien décidé à l'agrandir, il pense, pour la première fois, à lever le pied côté carrière, après l'arrêt annoncé de la série *Friends*. D'autant qu'il a de quoi voir venir : pendant les années *Friends*, Matt s'est aussi fait un nom au cinéma avec des rôles dans les films à succès comme *Perdus dans l'espace* ou *Charlie's Angels*. Mais c'est une toute autre raison qui va l'éloigner des plateaux de tournage.

En effet, alors qu'il a accepté de réendosser le rôle qui l'a rendu célèbre dans la série *Friends*, dans un spin-off éponyme Joey, une nouvelle va bouleverser tous ses plans et faire exploser son couple.

Marina, sa fille, n'a que huit mois lorsque Matt la voit systématiquement s'écrouler sur son flanc gauche lorsqu'elle essaie de ramper. Le diagnostic tombe : la petite fille souffre d'une dysplasie corticale ; une maladie du cerveau qui affecte ses fonctions neurologiques. La maladie risque aussi d'affecter ses cordes vocales, rendant impossible l'apprentissage de la parole. Sujette à des convulsions, la petite fille demande une attention de tous les instants.

L'acteur, tout à son rôle de père, décide d'arrêter sa carrière : « Pendant des années et des années, j'ai à peine quitté la maison, explique-t-il au *Daily Telegraph*[1]. J'étais épuisé. Je voulais n'avoir aucun engagement et n'être nulle part. La plupart des acteurs appellent leur agent pour lui demander ce qu'il a à leur proposer. J'ai appelé le mien et je lui ai dit de perdre mon numéro pendant quelques années. C'était une période très difficile. »

1. *The Daily Telegraph*, février 2016.

Sa décision va coïncider avec l'arrêt de la série *Joey* qui ne parvient pas à trouver son audience. Matt LeBlanc admet que les attentes à l'égard de cette série, censée perpétrer l'héritage de *Friends*, étaient bien trop élevées – et, en tout cas, trop importantes pour qu'il puisse les gérer seul. « C'était une période sombre, analyse-t-il. La série était soumise à une pression injuste. Elle était censée remplacer *Friends*. Mais, quand vous avez six paires de pieds et que vous en enlevez cinq, c'est plus difficile de marcher[1]. »

Le couple LeBlanc fait les frais de cette avalanche d'épreuves qui semble ne jamais s'arrêter : « Je n'avais pas envie d'être drôle, il se passait beaucoup de choses dans ma vie personnelle… Je ne sais pas si mon mariage était voué à l'échec, nous avions une excellente relation auparavant. Peut-être était-ce la maladie de ma fille. Peut-être me suis-je perdu en me concentrant trop sur mon travail avant cela… »

Mais si son couple prend l'eau, c'est aussi parce que Matt tente d'oublier ses soucis dans les bars et soirées arrosées. Parti faire un *roadtrip* à moto, au Canada, avec des

1. *Ibid.*

copains pour décompresser, il est surpris, par des paparazzis, dans un club de strip-tease, en état d'ébriété, avec Stephanie Stephens, une danseuse nue sur les genoux. Lorsque Melissa menace de le quitter, Matt choisit de lui faire des excuses publiques, mais elles sont peu convaincantes : « La strip-teaseuse était sur moi. Elle a enlevé son haut et voulait me faire une danse privée. Elle prenait mon visage en étau entre ses seins et m'attrapait les mains pour les passer sur son corps. Si j'avais été sobre, j'aurais peut-être réagi plus vite, mais j'étais ivre. Je sais que j'ai eu tort. C'est vraiment le dernier endroit où j'aurais dû me trouver pendant que nous traversions tant d'épreuves. J'ai honte[1]. »

Mélissa ne veut rien entendre et le quitte sur-le-champ. Elle reconnaît toutefois l'incroyable dévouement paternel de Matt auprès de leur fille malade et accepte un accord de garde partagée au moment de leur divorce, en 2006.

Face à ses nouvelles responsabilités, ce qui ne devait être qu'une pause temporaire dans la carrière de Matt LeBlanc, va se prolonger jusqu'en 2011. « Quand la série

1. *The Daily Mirror*, 2006.

Joey s'est terminée, explique l'acteur au *Daily Telegraph*, j'ai juste dit : “Je veux au moins prendre un an. Je ne veux rien faire.” Et cela s'est transformé en six ans. Mais, j'étais bien. »

Bien et très occupé. Dans son immense ranch de Santa Barbara, Matt s'occupe de sa fille, qui parvient heureusement à surmonter ses problèmes de santé. Il se transforme aussi en fermier : il élève du bétail, monte à cheval et fait de la moto. « Je savais que je ne manquais de rien. J'avais touché au monde des célébrités. J'avais fait un peu la fête. Mais il n'y avait rien dans tout cela qui puisse me combler plus que ma fille et mon ranch », reconnaît-il.

Depuis sa toute petite enfance, Marina vit, en effet, une semaine sur deux chez son papa. Ils entretiennent une relation très fusionnelle. Matt explique, au magazine *Express UK* en 2018, la joie qu'il a eue de voir, une fois guérie, sa fille organiser, en toute normalité, ses premières soirées pyjama avec ses copines, et se réjouit de partager, avec elle, des moments privilégiés en tête-à-tête : « Nous préparons le petit-déjeuner, nous faisons de l'équitation, de la randonnée ; j'essaie vraiment de contrecarrer l'ère de l'ordinateur en passant le plus de temps possible à l'extérieur. Passer du temps avec elle est la meilleure chose que j'aie jamais faite. Nous sommes très liés et c'est ce qu'il y a de mieux dans ma vie[1]. »

Parmi leurs moments père-fille préférés, celui qu'ils passent ensemble devant la télé à regarder *Friends* : « Elle me pose des questions du genre : “Est-ce que c'est vrai ? Tu as vraiment mangé ça par terre ? C'est dégoûtant ! Tu es drôle, papa !” »

Matt parvient aussi à rester un papa de cœur pour Jacquelyn et Tyler, les premiers enfants de Melissa McNight – frère et sœur de sa fille. Dans les coulisses d'un concert de Bruce Springsteen, à Londres, Marina et sa grande sœur Jacquelyn ont, un jour, grâce à la popularité de Matt, pu rencontrer le prince Harry. « À la fin de la nuit, Harry a donné à ma fille et ma belle-fille, un bisou de bonne nuit sur la joue, a raconté Matt lors d'une apparition au « *Ellen DeGeneres Show* » en 2016. Elles étaient tout simplement stupéfaites. » Passionnée de musique, Marina aimerait devenir chanteuse. Dans une interview accordée à *People*, en 2014, Matt a d'ailleurs

1. *Express UK*, février 2018.

loué ses compétences vocales : « Elle a une très belle voix. »

Très attaché à son rôle de père, Matt LeBlanc n'a toutefois pas renoncé à l'idée de refaire sa vie. Après son divorce, il vit avec Andrea Anders, sa co-star de la série *Joey*, dont il se sépare en 2015. Par un heureux hasard de casting, cette dernière jouera plus tard la chérie de son ami Matthew Perry dans la série *Mr Sunshine*. « C'est sympa, non ? plaisante l'actrice, dans les pages du magazine *Page Six*[1]. Je vais juste me frayer un chemin à travers toute la distribution de *Friends*, même si je n'arrive pas à convaincre Jennifer Aniston de me rappeler. »

Et c'est encore une fois un écart de Matt, surpris dans les bras d'une autre, lors d'une fête d'Halloween à Austin, au Texas, qui mettra fin à leurs huit belles années de relation…

En 2011, Matt décide de reprendre le chemin des plateaux pour jouer une version romancée de lui-même dans la série *Episodes*. « Nous lui avons promis que le

---

1. *Page Six*, février 2011.

personnage que nous créions serait différent de lui..., se souvient David Crane, producteur des séries *Friends* et *Joey*, dans les pages du magazine *GQ* ; « un cliché très exagéré de ce que doit être une star hollywoodienne. » Matt LeBlanc explique, plus précisément, ce qui l'a séduit dans ce projet : « Ce que nous avons essayé de capturer, c'est la perception qu'a le public d'une célébrité. Ce n'est pas vraiment moi, mais j'espère que les gens croiront que c'est moi. C'est une version exagérée de ce que les gens pensent du gars qui joue Joey dans *Friends*. »

Dans la série, beaucoup d'anecdotes sont inspirées d'expériences vécues par Matt LeBlanc, lui-même ; comme ce personnage d'une fille qui le harcèle. L'acteur raconte ce souvenir au magazine *Variety*[1] : « J'ai été "stalké" [traqué] lorsque j'étais à l'hôtel, à Londres. Cette fille s'asseyait dans le hall pendant que nous tournions, tous les jours, de 8 heures à 18 heures. J'ai fait croire à David et Jeffrey [les producteurs d'*Episodes*] que je sortais avec elle et ils ont complètement flippé. Ils étaient tellement énervés que j'ai continué pendant quelques jours, avant de leur dire

1. *Variety*, octobre 2016.

que je plaisantais. C'est comme ça qu'ils ont eu l'idée que mon personnage soit harcelé. »

Matt interprète avec brio ce personnage torturé, pas si éloigné de lui : « Il y a une scène où je parle de mon besoin de saboter mon propre bonheur et une autre où je suis incapable d'apprécier les conséquences de mes actes. Même si je me dis qu'il s'agit d'une autre histoire inventée, que le personnage est plus fêlé que moi sur le plan émotionnel, il m'apprend toutefois beaucoup sur moi-même. »

Pour son interprétation de Matt LeBlanc dans *Episodes*, l'acteur est nommé quatre fois au Emmy Awards et remporte, en 2012, le Golden Globe du meilleur acteur dans une série comique. Il dira, lors de son discours de remerciement : « Merci aux auteurs et producteurs qui ont créé un Matt LeBlanc plus drôle que moi. J'aurais adoré être lui ! » 2012 est décidément l'année de la consécration puisque Matt LeBlanc inaugure également son étoile sur le fameux Hollywood Boulevard.

Quatre ans plus tard, en 2016, Matt renoue avec sa passion pour la mécanique en acceptant de présenter, aux côtés de l'animateur Chris Evans, la version anglaise de « *Top Gear* » sur la BBC. Il entame alors une relation de six ans avec la productrice de l'émission, Aurora Mulligan, et s'installe à Londres. À ses heures perdues, il continue de plonger ses mains dans le cambouis en réparant des motos, comme il le confie à *Car and Driver*[1] : « J'adore travailler sur des motos tout-terrain, les démonter, les remonter... Cela évacue mon esprit des choses auxquelles j'aime ne pas passer du temps à penser. »

Quand il est aux États-Unis, Matt aime aussi rouler au volant de ses nombreuses cylindrées, le long de la côte californienne. Il possède plusieurs Porsche [une ML63 2012 et une 911 Turbo S 2014]. « J'ai aussi une Carrera 4 GTS 2012 qui est géniale, avec un levier de vitesse, argent sur noir », explique-t-il fièrement à *Car and Driver*. Matt s'éclate sur l'émission « *Top Gear* » et roule (sans jeu de mots) des mécaniques, ce qui déplaît à son géniteur avec qui il est en froid depuis des années. Seul dans son petit appartement de Floride, Paul LeBlanc, soixante-treize ans, va se rappeler au bon souvenir de son fils par voie de presse. En mai 2016, il donne une

1. *Car and Driver*, 2018.

interview exclusive au journal *The Sun* qui va littéralement faire sortir Matt de ses gonds et enterrer leur relation pour toujours.

Dans cet article, il déclare que : « Matt n'est plus le Joey Tribbiani que tout le monde aime. C'est toujours mon fils, mais je suis très blessé par le type de personne qu'il est devenu. »

Pourtant, bien que son père l'ait abandonné les huit premières années de sa vie, Matt a, un temps, tout fait pour se rapprocher de lui. Il lui a offert une maison de six chambres dans le Colorado et une voiture de sport, une Porsche Carrera, qu'ils ont personnalisée ensemble. Mais, vers 2012, les deux hommes se sont brouillés. En cause : une histoire d'argent. Paul affirme que Matt l'a expulsé de la maison et l'a obligé à vendre la Porsche. Dans *The Sun*, l'homme ne décolère pas : « Je serais heureux qu'il revienne, mais je ne pourrai jamais oublier ce qu'il m'a fait. Chaque nuit, je me couche en me remémorant tout cela. Ce n'est pas bon pour ma santé. »

Ce déballage public sonnera le glas de leur relation. Une relation faussée qui a toujours tourné autour de l'argent : « Une année, je lui ai offert une très belle montre Rolex sur laquelle j'ai fait inscrire : "L'amour d'un père est éternel", raconte Paul LeBlanc. Un an plus tard, Matt m'a appelé pour me dire qu'il n'avait jamais lu l'inscription. Pour lui, ce n'était donc qu'un objet tape-à-l'œil de plus dans sa collection de montres. J'aimerais me réconcilier avec Matt. Cela fait quatre ans que nous ne nous sommes pas parlés, ni vus. » À ce jour, les deux hommes ne se sont jamais retrouvés.

Il faut dire que Matt LeBlanc s'est juré de ne jamais ressembler à son géniteur – sur tous les plans, dans sa vie de famille comme dans sa vie professionnelle. À son métier d'acteur, il a ajouté le métier de producteur. Il produit en effet la série *Papa a un plan*. Il campe aussi dans cette sitcom, le rôle d'un père de famille qui décide de rester à la maison pour s'occuper de ses enfants pendant que sa femme reprend sa liberté professionnelle ; un rôle pas si éloigné de celui qu'il a joué dans la vie auprès de sa fille Marina et de ses beaux enfants : « Être parent est en fait la chose la plus difficile que j'ai réalisée en ce qui me concerne, confie-t-il à *Entertainment Weekly*, en 2016. Je ne sais si j'ai totalement réussi dans ce domaine, mais ce fut un défi pour moi, un défi sympathique. J'aime être père, voir mes enfants grandir. Je me souviens lorsqu'ils étaient petits, de ces moments où ils commençaient tout juste à parler, à utiliser des mots plus longs, que leur prononciation changeait ; ils utilisaient des pronoms, verbes et adjectifs. Ils sont passés d'un seul mot par phrase à de véritables phrases bien complètes. J'étais fasciné. Cela m'a vraiment comblé de vivre ces moments à leurs côtés. »

Ne pas ressembler à son géniteur, c'est aussi assurer, à lui et aux siens, la sécurité financière. Lui qui a manqué de tout, ne manque plus de rien. En 2010, lors d'une interview au « *Media Center* » de la BBC, Matt LeBlanc déclarait : « Le travail est devenu pour moi une sorte de passe-temps. Je faisais partie d'une aventure [*Friends*] qui m'a donné une indépendance financière. Le loyer est payé, alors maintenant je me concentre sur les projets qui m'excitent. » *Papa a un plan* s'est arrêtée en 2020, mais il n'en garde aucune rancœur. Il connaît sa chance : celle d'avoir été « casté » un lendemain de cuite pour *Friends*. Reconnaissant, le beau Matt concède : « *Friends* fut les dix meilleures années de ma vie et la série aura toujours une place spéciale dans mon cœur. C'était très triste quand cela s'est terminé, mais on passe à autre chose – toutes les bonnes choses ont une fin. » Comme toujours dans sa vie, Matt LeBlanc positive : « De nouvelles générations découvrent, chaque année, la série partout dans le monde. Elle continue à faire rire, à leur apporter beaucoup de joie. Et cela me rend heureux. »

CHAPITRE 4

Jennifer Aniston : un bonheur inaccessible

Le 23 janvier 2004, sur le plateau 24 des Warner Bros. Studios, c'est le dernier jour de tournage de la série *Friends*. Le titre de l'ultime épisode, « Celui qui partait », résume, à lui seul, le tremblement de terre qui s'apprête à ravager la vie de Jennifer Aniston.

Si les six acteurs, les équipes de production et les principaux rôles secondaires n'auraient manqué ce dernier rendez-vous sous aucun prétexte, une absence, lourde de sens, est remarquée de tous : celle de Brad Pitt.

Au-delà d'être le mari de Jennifer Aniston, il fait aussi partie de la grande famille des Friends pour avoir interprété le rôle de Will Colbert dans la saison 9 de la série. Alors que la fête de fin de tournage commence, le titre de l'épisode dans lequel Brad est apparu, « Celui qui avait fait courir la rumeur », est dans tous les esprits et résonne même comme un mauvais présage.

Le sex-symbol d'Hollywood alimente en effet les messes basses de toute l'équipe. Et quand on la questionne sur l'absence de son mari, Jennifer a toujours la même réponse, nous confie un collaborateur présent ce jour-là : « Elle disait : “Il travaille, il est désolé de ne pas avoir pu venir”. Mais on savait tous qu'il y avait autre chose. Le bruit d'une possible relation entre Angelina Jolie et lui sur le tournage de *Mr. et Mrs. Smith* commençait à courir. Le monde du cinéma est tout petit, les techniciens se connaissent et les nouvelles vont vite. On était tellement désolés pour Jennifer… »

L'actrice gardera d'ailleurs un goût amer de ce lapin posé par celui qu'elle avait épousé à peine quatre ans auparavant. : « Il [Brad] n'était tout simplement pas là pour moi, confiera-t-elle au magazine *Vanity Fair*[1]. C'était vraiment douloureux. Friends était une famille, et je n'aime pas beaucoup les familles qui se séparent. C'est difficile d'avoir une si merveilleuse constante dans votre vie, un endroit où aller tous les jours, et puis, tout à coup, plus rien. »

Quand l'aventure *Friends* a commencé, rien ne prédestinait Jennifer à en faire partie. En 1994, après quelques petits rôles à la télévision et au cinéma, elle est engagée par la chaîne CBS pour jouer dans une nouvelle série : *Muddling Through*. Mais, dès les premiers épisodes, le public boude le programme et la chaîne hésite à le renouveler. Pieds et poings liés à ce contrat en suspens, Jennifer est dans l'attente lorsqu'elle croise Warren Littlefield, ancien président de la division divertissement de la chaîne NBC, dans une station-service de Los Angeles.

L'homme a déjà signé d'énormes succès télévisuels : *Seinfeld, Frasier*. Il a raconté en août 2015, à la chaîne New York Live, cette rencontre fortuite mais déterminante qui l'a poussé à s'intéresser à Jennifer Aniston :

1. *Vanity Fair*, août 2005.

« Il est 22 h 30, je suis sur Sunset Boulevard à la station-service Chevron, je fais le plein, Jennifer est sur l'autre distributeur. Elle vient me voir et me demande si la série que je prépare *Friends like us* [premier titre original de la série *Friends*, à l'étape de l'écriture] va se faire. » À l'issue de ce bref échange, le producteur se dit qu'il devrait auditionner Jennifer pour le rôle de Monica. « Quelques mois plus tard, nous lui avons envoyé le scénario. »

Mais Jennifer ne se reconnaît pas dans le rôle de Monica, la maniaque du rangement. « Jennifer était tout le contraire : une fille bohème, hyper désordonnée », nous explique l'une de ses amies. Dès les premières pages du scénario, c'est plutôt au personnage de Rachel que la jeune femme s'identifie. Une chance : lorsqu'elle rencontre Courteney Cox dans les studios avant de passer le casting, elle découvre que le jeune mannequin, apparu dans le clip de Bruce Springsteen, « *Dancing in The Dark* », a, de son côté, bien envie de convaincre les producteurs de la laisser auditionner pour le rôle de Monica, et non celui de Rachel qu'ils lui destinaient. Les filles obtiennent gain de cause et échangent les rôles pour lesquels elles étaient convoquées.

« À cette époque, de nombreuses actrices bien plus *bankables* que Jennifer ont passé le casting pour interpréter Rachel, nous explique son amie. Il y avait Tiffany Amber Thiessen (*Sauvés par le gong*, *Beverly Hills 90210*), Elizabeth Berkley (*Sauvés par le gong*), Téa Leoni (*Drôles de dames*, *Santa Barbara*), Jane Krakowski (*Ally McBeal*) — qui venait de remporter une récompense pour son rôle dans la série *C'est déjà demain*. Jennifer était assez pessimiste quant à ses chances d'être retenue. »

Moins connue que les autres, Jennifer va pourtant immédiatement faire la différence. « Le lendemain, à 14 heures, on m'a appelée pour m'annoncer que j'étais prise[1] », s'est-elle souvenue.

Lors des premières lectures avec les six acteurs, Jennifer découvre que ceux qui vont interpréter Phoebe et Chandler ne sont pas des inconnus. Le hasard a voulu qu'à peine quelques semaines plus tôt, une amie commune, Kristin Hahn, avait présenté Lisa Kudrow et Matthew Perry à Jennifer Aniston lors d'une soirée : « On s'était rencontrés dans un bar de Sunset Boulevard qui ne jouait que du

1. *WSJ Magazine*, 22 août 2023.

Bruce Springsteen », s'est-elle souvenue dans les pages du magazine *Glamour*, en juin 2015.

L'alchimie entre les six acteurs est immédiate, chacun est à sa place dans le rôle qui lui a été attribué. Marta Kauffman, co-créatrice de la série, a décrit ce qu'elle a ressenti lors de cette première lecture dans les pages de *Vanity Fair*[1] : « Le premier jour où nous avons assisté à une répétition et que les six acteurs se sont retrouvés pour la première fois sur scène dans un café, je me souviens que l'atmosphère était électrique. Un frisson m'a parcouru l'échine. »

Cependant, un problème subsiste : Jennifer est toujours liée par un contrat avec CBS. Mais les producteurs de *Friends* sont tellement sûrs de leur choix qu'ils acceptent de prendre le risque de poursuivre les répétitions avec elle : « À l'époque, Aniston était sous contrat pour la série *Muddling Through*, s'est souvenu le producteur Warren Littlefield[2]. La décision de lui faire tourner le pilote de *Friends* aurait pu nous coûter des millions de dollars. Si

---

1. *Vanity fair*, 4 avril 2012.
2. New York Live, août 2015.

CBS refusait de libérer Jennifer, nous prenions le risque de devoir retourner le pilote avec une autre actrice. »

Les producteurs avaient d'ailleurs un plan B, me confie un membre de l'équipe : « Ils gardaient l'actrice Jane Krakowski [la future Elaine dans *Ally McBeal*] sous le coude pour remplacer Jennifer au pied levé. Mais, à force de jouer sur les deux tableaux, un jour, les deux actrices se sont parlées et Jennifer a dit à Jane qu'elle était déjà engagée, ce qui a créé un sacré malaise entre elles et avec leurs agents. » Mais la chance ne quitte plus Jennifer : CBS retire sa série, lui permettant ainsi de poursuivre l'aventure *Friends*. « Je me souviens qu'en quelques mois, le regard des gens sur Jennifer a changé, nous a raconté l'une de ses proches amies. Elle ne pouvait plus faire un pas sans qu'on la reconnaisse. » Jennifer s'est aussi souvenue de cette période de transition dans les pages du magazine *Esquire* : « Un jour, des gens sont venus me voir dans une pharmacie et m'ont dit : "Nous vous avons suivie pendant des heures. Nous voulions savoir si c'était bien vous, et si nous pouvions avoir un autographe." Je me tenais là, avec du papier toilette sous un bras et des tampons sous l'autre, et j'ai dit : "Bien sûr !"

C'est qu'au-delà d'être une star de télévision, Jennifer est aussi un modèle pour toute une génération de jeunes filles qui rêvent de lui ressembler. Juste avant le tournage de la deuxième saison de *Friends*, Chris MacMillan, son coiffeur, devenu son ami et confident, va même la propulser au rang d'icône en inventant par accident la coupe Rachel ; lors d'une soirée pour le moins festive... Il a accepté de nous raconter cet événement qui va marquer à jamais l'image de l'actrice et faire décoller la carrière du coiffeur : « Ma marque de fabrique, nous explique Chris, que je coiffe Michelle Williams ou Cameron Diaz, c'est toujours le naturel. Je tiens cela de l'image de ma mère — une pure Californienne. Quand elle rentrait de la plage, les cheveux décoiffés, elle était magnifique. C'est toujours ce que j'essaie de retranscrire dans mon travail : des coiffures, pas du tout apprêtées qui donnent l'impression qu'elles sont réalisées en passant juste la main dans les cheveux. J'aime les coupes courtes aussi, à la Jean Seberg. »

Ce soir-là, Jennifer se plaint de ses pointes sèches et demande à Chris de l'en débarrasser sans trop couper : « Il faut savoir, qu'à cette époque, j'avais des problèmes d'addiction à la drogue, poursuit Chris, et j'étais complètement *stone*. J'ai pris un rasoir et j'ai tenté quelque chose. »

Jennifer a confirmé dans une interview au « *Graham Norton Show* »[1] ce moment lunaire : « Chris McMillan, que nous connaissons et aimons tous, était défoncé lorsqu'il m'a coupé les cheveux. Il était complètement défoncé, ce qui est vrai, et il ne s'est pas posé la question de savoir comment je pourrais reproduire ses gestes. Il m'a laissé avec une brosse ronde et un sèche-cheveux et c'était fini. »

« Jennifer était furieuse, nous confie l'une de ses meilleures amies. Elle voulait un carré avec une frange et s'est retrouvée avec une coupe complètement déstructurée, plus longue derrière que devant avec des mèches tombantes, cisaillées au rasoir. Elle craignait de se faire engueuler par les producteurs. Elle en a pleuré. »

Finalement, l'équipe de *Friends* apprécie cette touche de modernité. Personne ne peut alors imaginer à quel

---

1. « *The Graham Norton Show* », 24 novembre 2014.

point cette excentricité, née d'un accident sous l'empire de stupéfiants, va révolutionner le look des femmes du monde entier. La « *Rachel Cut* » surpasse le succès de *Friends*. De Hillary Clinton à Sarah Ferguson, la duchesse d'York, tout le monde veut désormais ressembler à Jennifer Aniston, qui en profite pour signer un juteux contrat avec la marque L'Oréal. Elle prendra alors l'habitude de changer de coiffure à chaque nouvelle saison : « Au début de la saison 3 de *Friends*, nous a confié un membre de la production, elle est arrivée avec les cheveux roux en expliquant que c'était pour un rôle au cinéma. Comme elle nous avait déjà surpris avec la coupe Rachel, tout le monde s'est dit que c'était sa marque de fabrique : "une saison = une coupe" mais quand après, on a su qu'elle avait failli jouer Rose dans *Titanic* et que c'est pour cela qu'elle s'était coloré les cheveux, cela nous a scotché ! »

Mais revenons à ce début d'année 2004. Après dix ans de gloire dans la peau de Rachel, Jennifer Aniston doit apprendre à vivre sans la famille Friends et espère bien se faire un nom au cinéma. Elle doit d'ailleurs reprendre le chemin des plateaux de cinéma, en septembre 2004, pour enchaîner deux films : *Dérapage* avec Clive Owen et

La Rupture (encore un titre prémonitoire) aux côtés de Vince Vaughn. « Jen' était un peu désœuvrée, nous confie l'une de ses amies, pour ne pas dire déprimée. Elle sentait que, de son côté, Brad s'amusait bien [il avait rejoint ses amis George Clooney et Matt Damon en Italie pour terminer le tournage de *Ocean's Twelve*]. Elle s'est dit qu'il était temps de le retrouver pour faire le point sur leur couple et tenter de se rapprocher. »

Le 10 mai 2004, Brad est à New York pour l'avant-première de son film *Troie*, quand il reçoit la visite surprise de son épouse. Jennifer lui annonce vouloir passer le prochain mois à le suivre en Europe. Le 13 mai, le couple s'envole donc pour la France où le péplum dans lequel Brad brille dans le rôle d'Achille, fait l'ouverture du Festival de Cannes. Ce sera l'une de leurs dernières apparitions publiques, avec celle du 19 septembre suivant. Ce jour là, c'est Brad qui accompagne Jennifer sur le tapis rouge des Emmy Awards. Elle est nominée, pour la sixième fois, comme meilleure actrice dans une comédie pour son rôle de Rachel dans *Friends*. Mais c'est finalement Sarah Jessica Parker pour *Sex and the City* qui remporte le trophée.

À peine les festivités terminées, Brad repart tourner les dernières scènes de *Mr. et Mrs. Smith* sur la côte Amalfitaine. Il a de plus en plus de mal à cacher son coup de cœur pour Angelina Jolie. La presse commence à publier des photos du duo qui laissent d'ailleurs peu de place au doute. Arnon Milchan, le producteur du film, se souvient de ces moments décisifs dans ses mémoires : *Confidential: The Life of Secret Agent Turned Hollywood Tycoon*[1]. « Jennifer ne voulait pas croire que Brad flirtait avec Angelina sur le tournage. Elle a questionné tout le monde mais personne ne lui a rien dit, par loyauté envers Brad. Un jour, elle lui a clairement posé la question et il a nié. »

Courteney Cox et son mari, David Arquette, tentent d'aider leurs deux amis à recoller les morceaux. Ils invitent Jennifer et Brad à passer les fêtes de fin d'année avec eux sur l'île d'Anguilla, dans les Petites Antilles. Mais le couple est moribond… « Courteney et David ont gentiment pensé que ce cadre romantique était ce dont Jen' et Brad avaient besoin pour se retrouver, mais il était déjà trop tard, nous confie une amie de Jennifer. Brad lui a

1. « La vie secrète d'un agent devenu un magnat d'Hollywood », Gefen Books, 2011.

tout avoué pendant leur séjour… Je sais que Jennifer, Courteney, David et Brad ont passé le réveillon du Nouvel An au Palm Grove Restaurant. A priori, la soirée a tourné au cauchemar quand David a demandé à Brad ce qu'il ressentait vraiment pour Angelina Jolie. Je ne sais pas exactement en quels termes, mais je sais que Brad a avoué ses sentiments et a fini son repas seul sur la plage. »

Drôle de réveillon… Courteney Cox acceptera de lever un peu plus le voile sur ce qu'il s'est vraiment passé ce soir-là dans les pages de *Vanity Fair*[1] : « Brad a avoué qu'il y avait un lien [entre Angelina et lui]. Il a été honnête. La plupart du temps, quand les gens sont attirés par une autre personne, ils ne le disent pas. Au moins, Brad a été honnête. C'est une attirance contre laquelle il s'est battu, un temps. Je ne pense pas qu'il ait commencé une relation physique avec Angelina avant cela. Je pense qu'il y avait juste une attirance. »

Jennifer aussi décidera de croire à cette version. Dans ce même article, elle confie : « Je ne sais tout simplement pas ce qui s'est passé. Il y a beaucoup de choses

---

1. *Vanity Fair*, octobre 2006.

que je ne comprends pas ; beaucoup d'autres que je ne sais pas et que je ne saurai probablement jamais. J'ai donc choisi d'emporter avec moi autant que possible d'intégrité, de dignité et de respect pour ce qu'était cette relation. J'ai l'impression d'essayer de grappiller et de ramasser les morceaux au milieu de ce cirque médiatique. Je choisis de croire mon mari. À ce stade, je ne serais pas surprise par quoi que ce soit, mais je préférerais de beaucoup le croire. »

Au retour de ce voyage cauchemardesque sous les tropiques, Jennifer et Brad se séparent officiellement. Le 7 janvier 2005, ils publient un communiqué commun — véritable électrochoc pour les fans du monde entier : « Nous voudrions annoncer qu'après sept ans de vie commune, nous avons décidé de nous séparer officiellement. Pour ceux qui suivent ce genre de choses, nous voudrions vous faire savoir que notre séparation n'est pas le fruit des spéculations partagées par les tabloïds. Cette décision est le résultat d'une longue réflexion et de nombreuses considérations. Nous restons des amis dévoués et bienveillants avec un amour et une admiration sincères l'un pour l'autre. »

De cette période très douloureuse de sa vie, Jennifer Aniston dira par la suite[1] : « Je ne peux pas dire que ce fut l'un des meilleurs moments de mon année... Mais je préférerais que tout le monde passe à autre chose. Je ne suis pas définie par cette relation. Je ne suis pas définie par le rôle que les médias me font jouer dans ce triangle amoureux. C'est exaspérant pour moi. »

Les fans aussi sont exaspérés. Pour montrer leur soutien à l'actrice, ils portent des T-shirts « *Team Aniston* » pendant que les fans d'Angelina Jolie arborent, eux, un autre modèle floqué « *Team Jolie* ». Le propriétaire de la célèbre boutique hollywoodienne Kitson, qui vend les deux versions, indique alors que les ventes de ses T-shirts « *Team Aniston* » se vendent vingt-cinq fois plus que les « *Team Jolie* » ; une bien maigre consolation pour Jennifer qui n'en finit pas de subir les provocations médiatiques du nouveau couple star.

Il y a d'abord cette photo de Brad et Angelina sur une plage au Kenya, le petit Maddox, fils d'Angelina, sur les épaules de Brad, puis une série d'autres clichés publiés

1. *Vanity Fair*, 2005.

dans *W Magazine* en juillet 2005, sur lesquels le duo joue à incarner le parfait couple américain des années 1950, entouré d'enfants qui sont leurs portraits crachés.

Les amies de Jennifer sont horrifiées et le font savoir dans un droit de réponse par voie de presse[1]. C'est d'abord Kristin Hahn, l'associée de Jennifer et Brad dans la société de production Plan B qu'ils ont fondée ensemble, qui prend la parole : « Cette femme [Jennifer Aniston] subit, en fait, une opération à cœur ouvert sans anesthésie. Mais elle essaie vraiment de ne pas endormir la douleur ou de la cacher sous le tapis. »

Courteney Cox, elle, est plus mesurée : « Je ne pense pas qu'il ait voulu blesser Jen'. Je ne pense pas que Brad soit malveillant ou menteur. L'histoire du *W* était son idée, mais je ne crois pas qu'il ait bien réfléchi à l'effet que cela pourrait avoir sur quelqu'un d'autre. »

Un avis partagé par Jennifer, même si elle n'est pas prête à vraiment lui pardonner : « Je pense que Brad n'a probablement absolument aucune idée de la raison pour

1. *Vanity Fair*, octobre 2006.

laquelle les gens sont consternés par ce qu'il a fait. Brad n'est pas méchant. Il n'essaierait jamais intentionnellement de me mettre cela [les photos] sous le nez. Avec le recul, je peux l'imaginer en train de se dire : "Oh, je comprends que c'était un manque d'égards." Mais je connais Brad. Il dirait aussi : "C'est de l'art !"... Puis, roulant les yeux, Jennifer ajoute : « Il lui manque une puce de sensibilité... Tu as envie de le secouer et de lui dire : "Ton timing est nul[1] !" »

Dans l'emballement médiatique, tout laisse à penser que Jennifer a été quittée par Brad au motif qu'elle ne voulait pas lui donner d'enfant et c'est de loin, selon les amis de Jennifer que j'ai pu rencontrer, ce qui lui a fait le plus de mal.

Au magazine *Allure*[2], des années plus tard, Jennifer confessera : « Ces récits me montraient juste comme égoïste. On disait que je me souciais uniquement de ma carrière. Et Dieu interdit qu'une femme réussisse et n'ait pas d'enfant. La seule raison pour laquelle mon mari

1. *Ibid.*

2. *Allure*, décembre 2022.

m'avait quittée, pour laquelle nous avions rompu et mis fin à notre mariage, c'était parce que je ne voulais pas lui donner d'enfant. C'était un mensonge absolu. »

La vérité est beaucoup plus douloureuse encore. Après plusieurs fausses couches et un parcours de FIV éprouvant, Jennifer n'est pas parvenue à tomber enceinte de l'homme qu'elle aimait, comme elle le révèle en novembre 2022 dans les pages du magazine *Allure* : « Pendant ma trentaine, j'ai vraiment essayé de tomber enceinte. J'ai tout tenté, des FIV aux thés chinois. Je me suis jetée à corps perdu dans ce combat. J'aurais donné n'importe quoi si quelqu'un m'avait dit : "Congèle tes ovocytes, donnes-toi une chance !" Aujourd'hui, j'ai loupé le coche… Mais je n'ai aucun regret. Je ressens plutôt le soulagement de ne plus me demander si je vais y arriver[1]. »

À peine le divorce entre Jennifer Aniston et Brad Pitt prononcé, Angelina Jolie et Brad annoncent l'arrivée de leur premier enfant, une petite fille prénommée Shiloh. Suivra ensuite la naissance des jumeaux Vivienne et

1. *Allure*, novembre 2022.

Knox en 2008, outre l'adoption de trois autres enfants : Maddox, Zahara et Pax.

Jennifer, elle, va au fil du temps se tenir, tant bien que mal, à distance de leur bonheur surexposé dans la presse et ce, jusqu'au divorce du nouveau couple star en 2016. Depuis, Brad Pitt et Jennifer Aniston se sont rapprochés et sont désormais amis.

Les années qui suivent l'arrêt de *Friends* et sa rupture avec Brad Pitt sont semées d'épreuves pour Jennifer Aniston. Il y a d'abord la mort de son premier amour, le comédien Daniel McDonald. Le 15 février 2007, à quarante-sept ans, il succombe à un cancer du cerveau. Une perte douloureuse sur laquelle Jennifer est revenue dans les pages du *New York Times*[1] : « C'était mon premier amour. Nous avons été ensemble pendant cinq ans. C'était probablement l'homme de ma vie. Mais j'avais vingt-cinq ans, j'étais stupide. [...] Il est mort. »

Peu de temps après le décès de Daniel, la thérapeute de Jennifer meurt à son tour brutalement, d'une crise

1. *The New York Times*, janvier 2015.

cardiaque. Jennifer a évoqué cette perte tragique dans les pages du magazine *Hello*[1] : « C'était une période folle entre mon divorce et tout le reste… J'ai tellement appris pendant les quatre années où j'ai travaillé avec elle [sa psy], que lorsqu'elle est décédée, je me souviens avoir pensé que tout ce dont nous avions parlé et débattu m'avait vraiment permis de trouver la paix… Elle m'a appris à me défendre dans la vie. Elle essayait vraiment de m'aider à gérer ma colère et à l'exprimer, sans être terrifiée à l'idée d'être assassinée en réponse. »

C'est grâce au précieux soutien de sa thérapeute que Jennifer est parvenue à croire, à nouveau, en l'amour. Après que la presse s'est fait l'écho d'un flirt avec son grand ami, Vince Vaughn, elle s'éprend du mannequin anglais Paul Sculfor. C'est d'ailleurs parce qu'elle est officiellement avec lui que Jennifer refuse les avances d'un certain Justin Theroux qu'elle rencontre lors d'un séjour à Hawaï, avec son amie Courteney Cox. Mais le destin va le remettre, plus tard, sur son chemin.

1. *Hello*, janvier 2015.

Côté carrière, Jennifer a beau enchaîner les comédies romantiques, *Polly et moi, Bruce tout-puissant, La Rupture, Friends With Money* et être souvent décrite comme la nouvelle Meg Ryan, elle ne parvient toutefois pas à faire décoller sa carrière au cinéma. Déterminée à ne pas attendre que les projets viennent à elle, elle décide, après avoir dirigé la société de production Plan B avec son ex-mari Brad Pitt, de monter une nouvelle compagnie, Echo Films, avec son amie de toujours, Kristin Hahn : « L'une des choses dont les gens n'ont pas conscience à propos de Jen', confiera sa partenaire de business à *Vogue*[1], c'est qu'elle est une brillante femme d'affaires. C'est une travailleuse ! Elle est dans son bureau tous les matins, elle planifie sa journée et fait en sorte que ce qu'elle a prévu se réalise. Dans notre groupe d'amies, nous plaisantons toujours en disant qu'elle peut couper les cheveux mieux que quiconque, qu'elle peut préparer un verre mieux que n'importe quel barman. Je pense qu'il en sera de même pour elle en matière de production et de réalisation. Partout où elle tient sa baguette magique, les fleurs poussent. »

---

1. *Vogue*, décembre 2008.

En 2009, toute à ses occupations professionnelles, Jennifer s'envole pour Paris afin d'y faire la promotion du film *Marley & moi*. Nous la rencontrons lors de ce séjour, dans le cadre feutré d'un salon privé de l'hôtel Bristol. Elle nous confie alors : « Quarante ans est l'âge de tous les possibles et c'est aussi celui des choix. Le film *Marley & moi* est bien plus qu'une histoire de chien. C'est le portrait d'un mariage avec les choix auxquels chacun des époux doit faire face. Par exemple, dans un mariage, si vous donnez la priorité à votre travail, les enfants en pâtissent, le couple aussi. Et si vous faites passer votre famille avant tout, c'est votre travail qui s'en trouve affecté. En suivant la vie de ce chien au sein de sa famille, on vit surtout au cœur d'une famille comme il y en a tant, qui ne traverse pas que des moments amusants. C'est un film très réaliste. »

Et quand nous lui demandons ce qu'elle ressent à quarante ans dans l'un de ses premiers rôles de mère de famille, elle nous répond : « Eh oui, je vieillis mais si la question est de savoir si je me sens légitime de jouer une mère alors que je ne le suis pas, comme un journaliste me l'a demandé avant vous, elle n'a pas lieu d'être. Vous savez, en tant qu'actrice, vous êtes amenée à interpréter des personnages qui vivent des expériences différentes des vôtres. Tout le monde sait ce qu'est une famille, j'ai grandi dans une famille, j'en ai autour de moi. Ce n'est pas un terrain inconnu pour moi. De plus, *Marley & moi* est aussi un film sur le couple et la difficulté de le faire durer. » Et de lâcher dans un sourire : « On peut dire que cela m'est familier. »

À cette époque, en effet, Jennifer est en couple avec le *serial lover* John Mayer et sait au fond d'elle-même que leur différence d'âge (huit ans) et le goût du musicien pour la fête finiront par les séparer.

Nous discutons ensuite de ses projets professionnels qui, eux, sont au beau fixe et Jennifer nous confie : « Je viens de coproduire un film dans lequel je joue, *Love Manager*. Je joue aussi dans une comédie romantique qui sort bientôt : *Coup de foudre à Seattle*. Et, ensuite, sortira *Ce que pensent les hommes*. Je pense que vous allez bientôt en avoir marre de moi [rires]. » Enfin, quand nous lui faisons remarquer que ce sont encore des films qui explorent les rapports amoureux, Jennifer Aniston nous répond : « Que voulez-vous, je suis une éternelle romantique ! »

Éternelle romantique et éternelle amoureuse ! Un an après cette interview et alors qu'elle tourne le film *Le Chasseur de primes*, elle craque pour son partenaire Gerard Butler. Mais, encore une fois, la relation sera de courte durée.

Il faudra attendre le mois de septembre 2010 et le tournage du film *Peace, Love et plus si affinités*, pour que Jennifer rencontre le troisième véritable amour de sa vie en la personne de Justin Theroux.

Jennifer qui l'a déjà croisé quelques années plus tôt, explique alors au journal *The Mirror*[1] ce qui lui a déplu chez lui au tout premier abord : « J'ai rencontré Justin il y a environ cinq ans et j'ai pensé : "Waouh, il est très gentil", mais je l'ai aussi trouvé très sombre, se rappelle-t-elle. Au début, on pourrait le prendre pour un tueur en série, alors que c'est en fait la personne la plus gentille du monde [rires]. » Puis, lors d'une interview à *MTV First*[2], elle explique que ce qui, au contraire, l'a fait totalement craquer en le retrouvant sur le tournage de *Peace, Love*

1. *The Mirror*, mars 2012.
2. *MTV First*, février 2012.

(De gauche à droite) David Schwimmer,
Lisa Kudrow, Matthew Perry, Courteney Cox,
Matt LeBlanc et Jennifer Aniston
lors de l'enregistrement du clip vidéo *I'll be there for you*
avec le groupe The Rembrandts. Trente ans plus tard,
la musique du générique de *Friends* continue de résonner
dans le monde entier.

Jennifer Aniston sur le plateau de *Friends*, en 1996. En incarnant le personnage de Rachel Green, elle devient rapidement la star incontournable de la série et l'idole de millions de téléspectateurs dans le monde entier. Sa coupe de cheveux baptisée la « *Rachel Cut* » réalisée accidentellement par son coiffeur et meilleur ami Chris McMillan alors qu'il est sous l'emprise d'un stupéfiant, deviendra culte.

Jennifer Aniston en compagnie d'un de ses premiers amours, l'acteur Tate Donovan. Inséparables, ils vont même jouer les amoureux dans la saison 4 de la série *Friends*, Tate interprétant le rôle de Joshua Burgin. Rencontrés grâce à des amis communs en 1995, ils se fiancent en 1998 pour finalement rompre lorsque Jennifer tombera sous le charme de Brad Pitt.

Julia Roberts avec Matthew Perry sur le tournage
de la série, pour l'épisode de l'après-Super Bowl.
Quand la fiction rejoint la réalité ! La relation passionnelle
entre les deux acteurs, en 1996, a duré trois mois.

Après un mariage chaotique qui a fini en divorce,
Courteney Cox et David Arquette
sont désormais de vrais *friends*.

Rencontrée en 1997, sur le tournage de la comédie *Une fiancée pour deux*, David Schwimmer va vivre une relation passionnelle pendant cinq ans avec Mili Avital. Huit mois après leurs fiançailles, David va annuler les préparatifs de mariage avec la comédienne en novembre 2001.

E364883 01: Jennifer Aniston and Brad Pitt attend the MusicCares Benefit Dinner honoring pop star Elton John in Los Angeles, California, February 21, 2000. (Photo by Brenda Chase) · Copyright: Liaison Agency

LIAISON AGENCY

Jennifer Aniston en compagnie de Brad Pitt, en février 2000, cinq mois avant leur mariage. Le couple mettra fin à son union cinq ans plus tard, après le coup de foudre de l'acteur pour Angelina Jolie.

Les Friends à Londres pour le tournage
des deux épisodes de la saison 4 consacrés
au mariage de Ross avec l'Anglaise Emily !
Un périple que les fans de la série ne sont pas prêts d'oublier.

© Getty Images / Hulton Archive

Après avoir perdu son pari contre Matthew Perry, Bruce Willis se retrouve dans la saison 6 de *Friends* dans le rôle de Paul Stevens, le père d'une étudiante avec qui Ross Geller (David Schwimmer) sortait. Celui-ci va brièvement conquérir le cœur du personnage de Jennifer Aniston, Rachel Green.

(De gauche à droite) Matt LeBlanc, Courteney Cox, Matthew Perry, Lisa Kudrow, Jennifer Aniston et David Schwimmer. Même si la série s'est arrêtée il y a vingt ans, les membres sont toujours restés amis. Sur cette image, ils reproduisent la plus célèbre photo représentant la ville de New York : *Lunch atop a Skyscraper* (auteur inconnu, 1932).

Jennifer Aniston et Matthew Perry en 1995. Amis à la vie comme à l'écran, l'actrice sera la dernière des Friends à communiquer avec l'inoubliable Chandler juste avant sa mort.

Saison 7, épisode 14 (de gauche à droite) :
David Schwimmer dans le rôle de Ross Geller,
Courteney Cox dans le rôle de Monica Geller, Jennifer Aniston
dans le rôle de Rachel Green, Matthew Perry dans le rôle
de Chandler Bing, Matt LeBlanc dans le rôle de Joey Tribbiani
et Lisa Kudrow dans le rôle de Phoebe Buffay.
Épisode : « Celui où ils ont tous trente ans ».

© David Hume Kennerly / Getty Images Entertainment

Les acteurs de *Friends* (de gauche à droite) :
Courteney Cox Arquette, Matthew Perry, Jennifer Aniston, David Schwimmer et Matt LeBlanc écoutent Lisa Kudrow chanter son fameux « *Smelly Cat* » lors d'un de leurs derniers épisodes, le 12 septembre 2003, à Burbank.

© Getty Images / Hulton Archive

David Schwimmer avec l'acteur Cole Mitchell Sprouse dans l'épisode 10 de la saison 7 : « Celui qui se déguisait » ; un épisode exigé par Schwimmer qui souhaitait mettre en valeur la fête juive Hanoukka au lieu de Noël.

© Getty Images / Hulton Archive

(De gauche à droite) Matthew Perry, Matt LeBlanc, Jennifer Aniston, Courteney Cox, David Schwimmer et Lisa Kudrow sont rejoints par l'animateur de talk-show Conan O'Brien, ex-petit ami de Lisa Kudrow, dans leur célèbre café Central Perk.

© Getty Images / Kevin P. Casey / Los Angeles Times

(De gauche à droite) David Schwimmer, Lisa Kudrow, Matthew Perry, Courteney Cox Arquette, Jennifer Aniston et Matt LeBlanc ont remporté le prix de la meilleure série comique, lors de la 54e édition des Emmy Awards, le dimanche 22 septembre 2002, au Shrine Auditorium, à Los Angeles. Une série qui a récolté un total de 62 nominations aux Emmy Awards.

Jennifer Aniston et David Schwimmer sur le plateau de *Friends*, en 1996. L'idylle entre Rachel Green et Ross Geller aura offert, pendant des années, de beaux jours à la série. Les deux acteurs finiront par avouer, lors de l'émission des retrouvailles en 2021, avoir eu des sentiments l'un pour l'autre.

Jennifer Aniston lors de la 54e cérémonie
des Emmy Awards, en 2002, élue meilleure actrice de l'année.
C'est la seule vedette de *Friends* à avoir réussi
à la fois une carrière au cinéma et à la télévision.

Jennifer Aniston et Courteney Cox en 2007, lors de l'avant-première du film *The Tripper*. Malgré l'arrêt de *Friends*, les deux actrices sont encore aujourd'hui inséparables. Jennifer est la marraine de Coco, la fille de Courteney.

Matt LeBlanc sur le plateau de *Friends* dans le rôle de Joey Tribbiani. C'est le seul acteur de la série à avoir obtenu à ce jour un spin-off après l'arrêt de *Friends*.

© Getty Images / Jean-Paul Aussenard / WireImage

David Schwimmer et l'actrice Carla Alapont participent au gala « Musée de la télévision et de la radio », le 9 novembre 2003, à Beverly Hills. C'est là une idylle qui, une fois de plus, sera pour l'acteur très éphémère.

© Getty Images / Jean-Paul Aussenard / WireImage

Marta Kauffman, l'une des créatrices de *Friends*, en 2004 – l'année de l'arrêt définitif de la série. En compagnie de son associé et co-créateur, David Crane, elle va mettre seulement trois jours pour créer *Friends*.

(De gauche à droite) Les acteurs de *Friends* au complet :
David Schwimmer dans le rôle de Ross Geller,
Jennifer Aniston dans le rôle de Rachel Green,
Courteney Cox en tant que Monica Geller,
Matthew Perry dans le rôle de Chandler Bing,
Lisa Kudrow en tant que Phoebe Buffay
et Matt LeBlanc dans le rôle de Joey Tribbiani.

et plus si affinités, c'est son talent d'acteur et son look bohème : « En fait, je ne l'ai pas reconnu lors des essais caméra [Justin, qui s'est laissé pousser les cheveux et la barbe pour incarner le gourou d'une communauté hippie dans le film, est en effet méconnaissable]. Il a habituellement un look assez *dark*. Il porte des vestes en cuir, des jeans noirs moulants et des bottes noires. » Et Jennifer d'ajouter : « Ce qui fait sa beauté et sa personnalité en tant qu'acteur, c'est qu'il disparaît au profit de ses personnages. Il est brillant. »

Sensible aux signes que lui envoie l'univers, Jennifer confie aussi, au *New York Times*[1] : « Je suis certaine que c'est Daniel [McDonald, son premier amour décédé] qui a mis Justin sur mon chemin. »

Et cette relation va se révéler salvatrice tant l'année 2011 sera jalonnée d'épreuves ! Il y a d'abord en mai, le décès de son chien adoré Norman, à l'âge de quinze ans. C'était le bébé qu'elle avait gardé de sa relation avec Brad Pitt, comme elle nous l'avait confié lors de notre rencontre au Bristol, et elle l'emmenait partout avec elle. À sa

1. *The New York Times*, 2015.

mort, Jennifer décide de donner son nom à la compagnie immobilière (Norman Nest Trust) qu'elle fonde au moment de l'achat d'un appartement à Manhattan. Puis, elle se fait tatouer son nom sur le pied, pour le garder dans la peau pour l'éternité.

En septembre de la même année, c'est Nancy, la mère de Jennifer, qui est victime d'un AVC dans les locaux d'un bureau de vote. Les journaux rapporteront que la star n'a pas quitté sa maman hospitalisée à Los Angeles jusqu'à son retour à la maison.

Une décision d'autant plus remarquable que les deux femmes sont restées fâchées des années.

Tout commence lorsque Nancy accorde une interview, non autorisée par sa fille, à l'émission « *Hard Copy* ». « J'avais passé un accord avec le producteur de l'émission, explique Nancy Aniston dans ses mémoires[1], pour que cette interview soit strictement limitée à parler de la méthode éducative de la Waldorf School [Nancy

1. *From Mother and Daughter to Friends: A Memoir*, Prometheus Books, 1999, p. 8.

dirigeait une filiale de cette école à Los Angeles], pas de la célébrité de ma fille… Après avoir longuement parlé de l'école, la journaliste m'a posé quelques brèves questions sur Jennifer : ce que je pensais de ses cheveux, du succès de *Friends*, et l'équipe a dit : “On remballe !” Quand l'émission a été diffusée, j'étais sidérée. Ils avaient coupé tout ce qui concernait l'école et gardé mes commentaires inoffensifs sur Jennifer, juxtaposés à une vidéo où elle faisait l'idiote avec des copains d'école[1]. »

Quelques heures après la diffusion, Nancy reçoit un coup de fil qui va bouleverser sa vie à jamais : « C'était Jennifer, explique-t-elle dans son livre. Sa voix était tellement transformée par la rage que je l'ai à peine reconnue. Elle était tellement en colère contre moi parce que j'avais accepté d'apparaître dans ce show qu'avant de raccrocher, elle m'a dit : “Maman, je ne te pardonnerai jamais !” »

Une promesse que l'actrice tiendra pendant plus de dix ans. Connaissant sa fille et sa rancœur à son

1. *Ibid.*, p. 15, 16 et 17.

égard, Nancy se résout avec tristesse à n'avoir de ses nouvelles qu'à travers la presse[1] : « Je faisais un jour la queue au supermarché et j'ai vu Jennifer sur la couverture d'un magazine. Les larmes coulaient derrière mes lunettes de soleil », raconte-t-elle dans ses mémoires.

Le magazine auquel Nancy fait référence est *Rolling Stone*, dans lequel Jennifer Aniston raconte son enfance et autorise même son père et son demi-frère, Johnny, né d'une première union de Nancy avec le musicien John Melick, à parler également — un revers pour Nancy qui sera à peine évoquée dans l'article.

Et ce n'est pas la publication des mémoires de Nancy, en 1999, qui vont arranger les choses. Outrée de voir toute sa vie révélée par sa mère, Jennifer ne l'invitera même pas à son mariage avec Brad Pitt.

Mais, pour comprendre l'animosité de Jennifer envers sa mère, il faut justement connaître le contexte dans lequel l'actrice a grandi.

---

1. *Ibid.*, p. 45.

Née le 11 février 1969 à Sherman Oaks, dans les montagnes qui surplombent Los Angeles, Jennifer est arrivée dans la vie de ses parents alors qu'ils n'avaient pas un sou. Après une carrière dans l'armée, un petit job dans les assurances et une courte activité d'agent immobilier, son père s'est mis dans la tête de devenir acteur, comme son meilleur ami, Telly Savalas — célèbre interprète de Kojak dans la série éponyme. Son épouse, Nancy, ancien mannequin, dépense toutes les économies de la famille et la pension alimentaire de son premier mari en chirurgie esthétique. Pour elle-même, pensez-vous ? Non. Plutôt pour transformer son mari, John Aniston, en nouveau Clark Gable. Dans ses mémoires, elle raconte : « J'ai identifié que la petite bosse sur son nez pouvait être rectifiée par une chirurgie mineure, je lui ai fait perdre une dizaine de kilos, fait poser des facettes dentaires, je lui ai fait porter des vêtements plus modernes... J'étais persuadée que toutes ces simples modifications auraient un véritable impact sur ses castings. »

Après des années de galère à vivre comme une enfant de la balle, trimballée de la côte ouest des États Unis à la Grèce, d'où son père est originaire, en passant par la côte est de l'Amérique, Jennifer Aniston voit ses parents se déchirer.

Lorsqu'il rencontre enfin le succès, en 1985, en décrochant le rôle de sa vie (celui de Victor Kiriakis dans le soap opera *Des jours et des vies*), John Aniston quitte sa famille pour les beaux yeux de sa partenaire à l'écran : Sherry Rooney. Jennifer Aniston s'est souvenue de ce moment douloureux dans le talk-show de Diane Sawyer, en 2004 : « J'ai reçu un coup de poing émotionnel. Ma mère m'a simplement dit que mon père était parti et que nous serions désormais toutes les deux. » En 1996, déjà, dans les pages de *Rolling Stone*, Jennifer Aniston avait évoqué ce traumatisme : « C'était horrible. Je me sentais tellement responsable. C'est cliché de dire cela, mais j'ai vraiment eu l'impression que mes parents se séparaient parce que je n'étais pas une assez bonne enfant pour eux. De plus, mon père n'était pas doué avec les enfants. Il m'aimait, bien sûr, mais, vous savez, j'ai vu des mecs qui sont super avec leurs filles ; mon père n'était pas comme eux. » Interrogé par le journaliste Rich Cohen dans ce même article, John Aniston a reconnu : « Je savais que le divorce était dur pour Jennifer. Je suis sûr que j'aurais pu faire beaucoup de choses pour le rendre plus facile, mais c'était très compliqué. »

Cette séparation coïncide avec le départ du demi-frère adoré de Jennifer. Johnny quitte la maison pour faire ses études dans un autre État. Seule à New York avec sa mère, Jennifer, du haut de ses huit ans, va alors devoir soutenir Nancy qui sombre dans la dépression. L'actrice évoque cette époque dans le magazine *Allure*, en novembre 2022 : « Vivre chez moi n'était vraiment pas plaisant. J'étais ravie de m'échapper de l'appartement dès que je le pouvais. »

En pleine crise de la quarantaine, sa mère Nancy est en effet devenue irascible et même, parfois, cruelle. Elle rêve de sortir de son rôle de mère pour retrouver sa vie de femme. Elle fait preuve de dureté envers Jennifer qui entre dans l'âge ingrat : « Ma mère était très critique à mon égard, explique l'actrice lors de son entretien avec la reine du talk-show, Diane Sawyer, en 2004. Elle me disait que mes yeux étaient trop rapprochés, que j'avais un gros nez, une bouche asymétrique. Elle pensait me faire une faveur en me donnant des conseils de beauté[1]. »

---

1. Talk-show de Diane Sawyer, *ABC News*, janvier 2004.

Plus tard, en 2018, en pleine promotion du film *Dumplin'*, dans lequel elle incarne un personnage de mère négligente envers sa fille, Jennifer révèle au *Sunday Telegraph* : « En tant qu'ancien mannequin, ma mère était obnubilée par son physique et avait beaucoup d'exigence sur mon apparence. Je ne suis pas devenue l'enfant modèle qu'elle espérait. C'est pourquoi ce film a vraiment résonné en moi. L'histoire de cette petite fille qui voulait être vue et aimée d'une mère trop préoccupée par des futilités, c'était un peu la mienne[1]. »

La même année, dans le *Elle* américain[2], Jennifer évoque, pour la première fois, à demi-mot, ce qui l'a poussée à avoir recours à la chirurgie esthétique : « Elle [sa mère] n'avait pas conscience qu'elle causait des blessures profondes qui m'obligeraient ensuite à dépenser beaucoup d'argent pour les réparer [Jennifer Aniston s'est fait refaire le nez au début de sa carrière]. Elle l'a fait parce que c'est avec ça qu'elle a grandi. Elle disait : "Tu veux être heureuse ? C'est difficile pour les grandes filles." »

1. *The Sunday Telegraph*, décembre 2018.
2. *Elle US*, août 2018.

Pour masquer ses disgrâces d'adolescente, Jennifer cache son visage sous d'épaisses couches de maquillage. « Le maquillage couvrait à peine mes défauts », confiera-t-elle à Diane Sawyer. Elle souffre aussi de harcèlement scolaire : « Je faisais partie des enfants victimes de brimades ; je ne sais pas pourquoi, confiera-t-elle au magazine *InStyle*, j'étais l'enfant dont les autres décidaient de se moquer. C'était une période bizarre. J'étais un peu enrobée, mais je n'étais qu'une enfant[1]. » Et pour ne rien arranger, Jennifer s'enfonce dans la noirceur[2] : « J'avais un look gothique, rouge à lèvres noir sur teint ultra-blanc. Je me cherchais, en fait. »

La fâcherie entre mère et fille durera… onze longues années.

Jennifer et Nancy se retrouvent en 2012 ; année où l'actrice vit enfin une histoire d'amour harmonieuse avec l'acteur Justin Theroux. Cette année-là, elle se sent pousser des ailes et s'apprête à relever un nouveau défi professionnel : interpréter le rôle de Claire Bennett, dans *Cake*.

1. *InStyle*, septembre 2018.
2. *Glamour*, février 2015.

Dans ce rôle dramatique, à contre-emploi, le public découvre Jennifer Aniston dans la peau d'une femme dépressive, cernée, sans maquillage, les cheveux noircis. Si ce film ne lui ouvre pas la porte des Oscars et ne rencontre pas le succès escompté, il lui vaut toutefois plusieurs nominations aux Screen Actors Guild Awards et aux Golden Globes. Et surtout, sa performance dans *Cake* lui offre une autre récompense : son étoile sur le fameux *Walk of Fame* d'Hollywood Boulevard.

C'est son ami Adam Sandler qui, ce jour-là, se charge du discours d'introduction sous les regards émus de John Aniston, le père de Jennifer, Justin Theroux, son fiancé, et Kristin Hahn, son associée. Si aucune de ses co-stars de la série *Friends* n'a fait le déplacement, c'est pour lui laisser toute la lumière.

En 2015, Jennifer prépare dans le plus grand secret, son mariage avec Justin Theroux. Le couple a décidé de surprendre ses amis en organisant un mariage surprise. Pour réunir leurs proches, ils prétextent un petit barbecue dans leur jardin pour les quarante-quatre ans de Justin ; une très mauvaise idée puisque bon nombre de convives déclinent l'invitation en raison de leur emploi du temps ! « Ils étaient fiancés depuis trois ans et nous attendions toujours le grand jour, me raconte l'une des invitées. Fin juin, ils nous ont demandé de réserver la date du 5 août pour venir fêter les quarante-quatre ans de Justin ; on ne se doutait vraiment de rien, alors on ne se pressait pas pour confirmer notre venue. Ils devenaient fous ! »

« Nous avons fait une énorme erreur de calcul, confirme Justin Theroux lors d'un entretien au magazine *Vanity Fair*[1]. À plusieurs reprises, des copains étaient venus chez nous bien habillés pour de simples barbecues, pensant que nous leur avions caché quelque chose. Ils arrivaient en disant : "C'est le grand jour, non ?" Et nous, nous étions obligés de leur répondre : "Pas du tout, c'est un barbecue !" Cette fois, face à tous ceux qui déclinaient notre invitation, nous avons été forcés de les mettre dans la confidence tout en insistant pour qu'ils ne disent rien aux autres. Résultat : ceux qui savaient sont arrivés en tenue de mariage et les autres en tenue décontractée pour un simple barbecue. »

1. *Vanity Fair*, octobre 2006.

L'actrice Amy Sedaris, qui a fait partie des chanceux autorisés à connaître le grand secret, s'est souvenue dans les pages du *Harper's Bazaar*, en septembre 2017 : « Tout était parfait dans ce mariage, sauf que les invités ressemblaient à des promeneurs en forêt… » Plus loin dans l'interview, elle explique : « Justin m'a demandé d'être son témoin deux jours avant le mariage et j'ai eu très peur de me planter. »

Le présentateur de talk-show Jimmy Kimmel, meilleur ami de Justin a, quant à lui, été réquisitionné par le couple pour être leur maître de cérémonie.

Le 5 août 2015, la fête démarre en fin d'après-midi. Des valets vêtus de gilets bleus sont chargés de l'accueil des invités, parmi lesquels de nombreuses personnalités : les actrices de *Friends*, Courteney Cox (désormais divorcée de David Arquette) et Lisa Kudrow, l'animateur Howard Stern et son épouse Beth, la chanteuse et DJ Samantha Ronson, le photographe Terry Richardson, le couple d'acteurs Emily Blunt et John Krasinski, la chanteuse Sia, l'humoriste Chelsea Handler, l'actrice Lake Bell, l'animatrice Ellen DeGeneres et son épouse Portia de Rossi, Jason Bateman, Sandra Bullock, les acteurs Will Arnett et Orlando Bloom, Tobey Maguire et son épouse Jennifer Meyer.

« Jennifer et Justin avaient fait installer une longue terrasse en bois avec une scène au bout, nous raconte une amie présente. Nous étions assis sur des tables rondes, éclairées à la bougie ; c'était très intime. Courteney [Cox] était son témoin pour la deuxième fois et Sia a chanté. C'était très beau, très émouvant ! »

Et pour prolonger le plaisir, une partie des invités a la surprise d'apprendre que le couple les emmène dans ses bagages pour sa lune de miel à Bora Bora !

C'est donc en groupe que Jennifer Aniston, Justin Theroux et leurs amis, au nombre desquels Courteney Cox, Jason Bateman, Cheslea Handler, Jimmy Kimmel, Tobey Maguire, débarquent à Four Seasons Resort de Bora Bora. Mais ce voyage qui s'annonce paradisiaque va se transformer en cauchemar sous les tropiques…

Tout d'abord, le marié est victime d'un accident de plongée. Parti explorer les coraux avec des amis, la bouteille d'oxygène de Justin se vide. Dans l'émission matinale de la chaîne Live, « *Live With Kelly and Michael* »[1],

---

1. *Live*, décembre 2016.

il explique qu'il a désespérément essayé d'alerter l'instructeur qui l'accompagnait, mais ce dernier ne comprenait pas ses messages d'alerte : « Je tapais sur le signal rouge de ma bouteille, j'essayais de lui parler avec les yeux sous mon masque, mais il n'y avait pas de communication possible. Il continuait à nager, nager vers le fond. J'ai regardé un de mes amis et je lui ai montré ma bouteille. Il m'a regardé genre : "Mon Dieu, mais tu vas mourir !" J'étais vraiment dans le rouge… Je me disais : "Oh mon Dieu, c'est un complot pour me tuer pendant ma lune de miel." »

Plus tard, une autre personne du groupe d'amis de Jennifer et Justin, Carmel Musgrove, l'assistante du producteur hollywoodien Joel Silver, disparaît après une baignade nocturne en solitaire. Après de longues recherches, les pompiers et les gendarmes repêchent son corps sans vie dans le lagon. Les résultats de l'autopsie pratiquée ne révéleront aucune lésion pouvant laisser penser à un acte criminel et confirmeront la noyade accidentelle. Cet événement tragique laissera un goût amer à tout le groupe venu célébrer le bonheur des mariés.

De retour de son voyage de noces, Jennifer Aniston, encore sous le choc, se remet rapidement au travail. Décidée à renforcer sa nouvelle crédibilité d'actrice dramatique, elle accepte le rôle d'une maman dont le fils part combattre en Irak, dans le film *The Yellow Birds*, réalisé par le Français Alexandre Moors. Tourné au Maroc et dans la région d'Atlanta, aux États-Unis, ce registre est une grande première pour Jennifer. « Les films de guerre ne sont généralement pas mon truc. Je les trouve très difficiles à regarder, explique Jennifer à *Entertainment Weekly*[1], mais la lecture de ce scénario et la vision qu'Alex en a eue, permet d'entrer en connexion avec l'humanité des soldats, la perte de leur innocence, des parents qui restent derrière à les attendre, en comptant les minutes… J'avais déjà beaucoup de respect, de gratitude et d'admiration pour tous ceux qui partent faire la guerre ; ces hommes et ces femmes qui sont pour moi les héros. Mais se plonger ainsi dans cette histoire et se confronter à la réalité de ce à quoi font face ces innocents est insondable, vraiment. »

Quand débute l'année 2016, Jennifer renoue toutefois avec les comédies. Elle est au casting quatre étoiles du film *Joyeuse Fête des mères*, du réalisateur Garry Marshall[2], connu

1. *Entertainment Weekly*, janvier 2017.

2. Créateur de la série *Happy Days*, il est l'un des réalisateurs de comédies romantiques les plus connus.

notamment pour son film *Pretty Woman*. Elle partage l'affiche avec Julia Roberts et Kate Hudson. Cette même année, l'actrice, qui vient de fêter ses quarante-sept ans, est élue pour la quatrième fois de sa carrière, « plus belle femme du monde » par le magazine *People*.

Son bonheur ne sera que de courte durée... Le 23 mai 2016, alors qu'elle est en plein tournage du film *Joyeux Bordel !* avec Jason Bateman, elle est rappelée en urgence à Los Angeles où sa mère, Nancy, est mourante. « Sa santé s'était détériorée depuis son dernier AVC, quatre ans auparavant, au point de ne plus pouvoir ni marcher, ni parler, nous explique une amie de Jennifer. Nancy n'avait d'ailleurs pas pu se rendre au mariage de sa fille. »

Deux jours plus tard, le 25 mai 2016, Nancy Dow s'éteint à l'hôpital de Toluca Lake, où elle a été admise. Dans un communiqué, Jennifer et son frère John Melick Jr révèlent la terrible nouvelle : « C'est avec une grande tristesse que mon frère John et moi-même annonçons le décès de notre mère, Nancy Dow. Elle avait soixante-dix-neuf ans. Elle est partie paisiblement, entourée de sa famille et de ses amis après une longue maladie. Nous demandons que l'intimité de notre famille soit respectée pendant que nous pleurons notre perte. »

Jennifer n'aurait a priori rien hérité de sa mère. Cette dernière a pris des dispositions pour que ses biens reviennent intégralement à Elish, la fille de son fils John Melick. Si John entame une bataille judicaire pour récupérer un bout du gâteau, Jennifer, elle, renonce.

À quoi bon ? Devenue femme d'affaires et productrice de premier plan, elle gagne plus de 25 millions de dollars par an. Après le succès de sa fameuse *Rachel Cut*, la coupe de cheveux qui l'a rendue aussi célèbre que son personnage de Rachel dans *Friends*, l'actrice a ainsi créé une ligne de soins capillaires, *Living Proof*, qui vient d'être revendue au géant des cosmétiques Unilever.

Moins d'un an après la mort de Nancy, Jennifer va faire un voyage dont elle se rappellera longtemps. Le 11 février 2017, pour les quarante-huit ans de son épouse, Justin Theroux organise un voyage entre amis à Cabo San Lucas, au Mexique. C'est pendant ce séjour que Jennifer et lui prennent conscience que leur complicité relève désormais plus de l'amitié que de l'amour. « S'ils n'avaient pas été mariés, vous ne pouviez pas deviner que Jen' et Justin étaient un couple, nous explique une amie de Jennifer. Ils semblaient aussi proches que Justin l'est de Jimmy Kimmel ou Jennifer de Courteney Cox [leurs meilleurs amis respectifs]. À un moment, ils se sont eux-mêmes demandés à quoi bon être mariés... »

En février 2018, à peine deux ans après son union, le couple décide de se séparer. Jennifer et Justin l'annoncent dans un communiqué qui surprend leurs fans... et enflamme la presse : « Nous avons décidé d'annoncer notre séparation afin d'éviter toute spéculation supplémentaire, écrivent-ils. Cette décision a été prise mutuellement et avec amour à la fin de l'année dernière. Nous sommes deux meilleurs amis qui ont décidé de se séparer en tant que couple, mais nous sommes impatients de poursuivre notre amitié chérie. Normalement, nous ferions cela en privé, mais, étant donné que l'industrie des potins ne peut pas résister à une occasion de spéculer et d'inventer, nous voulions transmettre la vérité directement. Tout ce qui est imprimé à notre sujet et qui ne provient pas directement de nous est le récit fictif de quelqu'un d'autre. Par-dessus tout, nous sommes déterminés à préserver le profond respect et l'amour que nous avons l'un pour l'autre. »

Dans les pages du *New York Times*[1], quelques mois plus tard, Justin revient sur cette décision mutuelle : « Aucun de nous deux n'a l'intention de balancer des saloperies à la tête de l'autre. C'est plutôt du genre amical. C'est ennuyeux mais, vous savez, nous nous respections suffisamment l'un l'autre pour que ce soit aussi indolore que possible. »

De son côté, Jennifer Aniston résume dans les pages du *Elle US*[2] : « Mes deux mariages ont été très réussis. Quand ils ont pris fin, nous avons fait le choix de nous séparer parce que nous avions décidé d'être heureux. Le bonheur n'existait plus dans ces unions, en définitive. »

Depuis Justin Theroux, aucun homme n'est officiellement entré dans la vie de Jennifer Aniston. Elle se concentre à 100 % sur ses amis devenus, au fil des ans, sa véritable famille.

---

1. *The New York Times*, septembre 2018.
2. *Elle US*, décembre 2018.

Il y a d'abord les filles du cercle Woo Woo, un groupe de copines dont elle est inséparable depuis 1989 : « Ces filles, m'explique l'une de ses amies, vivaient en sororité à Studio City. Elles s'étaient autobaptisées "Les filles des collines". Quand Jennifer a intégré leur groupe, elle en est même devenue, au fil des ans, le moteur. »

Jennifer Aniston s'est souvenue de sa toute première rencontre avec « Les filles des collines » dans une interview donnée à Molly McNearney — l'une des dernières à avoir rejoint son groupe de filles. Journaliste et productrice, Molly, épouse de l'animateur de talk-show Jimmy Kimmel, a réalisé un entretien très intimiste avec la star pour le magazine *InStyle* en 2018[1]. « J'entre dans une fête à Laurel Canyon, explique Jennifer Aniston, et une fille me dit : "Viens avec nous, nous faisons un cercle." Je me suis dit : "C'est quoi un cercle ?" Je suis entrée dans la pièce, je me suis assise avec ce groupe de femmes qui se passent un bâton de parole ; je suis sûre qu'il y avait des plumes dessus. Je me souviens m'être dit : "Qu'est-ce qu'il se passe ? Je suis dans une secte ?" Pendant deux heures, l'une après l'autre, je les ai écoutées partager leurs

1. *InStyle*, août 2018.

pensées, leurs peurs et leurs inquiétudes… J'ai réalisé à quel point les femmes peuvent être incroyablement solidaires les unes envers les autres. C'est ainsi que je suis entrée dans ce groupe que l'on a, plus tard, rebaptisé le cercle Woo Woo. »

Encore aujourd'hui, les femmes du groupe restent ses plus proches amies. Parmi elles, celle qui est devenue sa partenaire de business : Kristin Hahn. En 2018, dans le *Elle* américain, Kristin s'est aussi souvenue de cette première soirée dans les collines qui a changé leurs vies : « Je me souviens très bien, je me suis retournée, j'ai vu Jennifer et j'ai eu l'impression qu'elle était une sorte de sœur perdue de vue depuis longtemps. Je ne voulais pas qu'elle parte. Nous l'avons accueillie et nous sommes toutes devenues comme une famille, les unes pour les autres. Nous nous sommes soutenues tout au long de notre vie. »

Molly McNearney, aussi, évoque dans son article publié dans *InStyle*, sa première rencontre avec Jennifer Aniston : « Je l'ai rencontrée dans ma cuisine quand Justin est venu nous présenter sa nouvelle petite amie. Au début, j'étais un peu étonnée que Rachel Green [nom de Jennifer dans

Friends] se tienne près de mes bananes mais la nervosité s'est dissipée dès qu'elle m'a serrée dans ses bras, qu'elle a arraché un citron vert de notre arbre pour ses Vodka on the Rocks, et qu'elle s'est mise à disséquer *Le Bachelor.* » Molly et Jennifer sont depuis inséparables.

Depuis son divorce, Jennifer vit seule, entourée de ses chiens, dans la maison qu'elle avait achetée avec Justin Theroux, dans le quartier de Bel Air. Elle y reçoit régulièrement sa famille de cœur, comme elle le raconte dans le *Elle US* en décembre 2018 : « Ma maison a toujours été comme un *clubhouse.* J'adore recevoir. J'ai toujours de la nourriture. Je pense que je tiens cela de ma mère qui recevait toujours ses amies... Tous les dimanches, nous faisons des "*Sunday Fundays*", comme nous les appelons, où les enfants de mes amies viennent et sautent dans la piscine. C'est là que nous nous serrons les unes contre les autres... Nous plaisantons toujours en disant que nous nous sommes élevées les unes les autres, que nous nous sommes maternées, que nous nous sommes épaulées, que nous avons été des enfants les unes pour les autres. »

Dans cet article, son amie et associée Kristin Hahn confie : « Je m'émerveille de la façon dont Jennifer est restée aussi terre à terre que possible pour une personne dans sa situation. Elle a travaillé dur pour entretenir les amitiés qu'elle a toujours eues, tout en menant cette grande vie, cette grande carrière. Elle est toujours restée très humble, et je ne dis pas ça comme ça. Elle a su rester en contact avec des gens qui n'ont pas la même réalité financière ou professionnelle. Elle vit dans un monde rare, mais c'est une personne normale. »

C'est tout naturellement entourée de son clan qu'en 2019, Jennifer célèbre ses cinquante ans lors d'une grande fête organisée au Sunset Tower Hotel, à West Hollywood. Brad Pitt fait d'ailleurs partie des invités. « Il n'a pas été spécialement proche de Jennifer à la soirée, nous raconte une amie ; pas plus que les autres invités en tout cas. Il était souvent sur son téléphone. On m'a même dit qu'il jouait à *Candy Crush*[1]. » Un autre ex était aussi de la partie : John Mayer. « Justin Theroux était bien invité, lui aussi, nous confirme cette amie, mais il a été retenu sur un tournage. L'acteur a toutefois fait un *post* public sur son compte Instagram avec une photo de l'actrice et le message : « Joyeux anniversaire à cette femme forte.

1. Célèbre application de jeu.

Farouchement aimante. Farouchement gentille… et incroyablement drôle. Je t'aime. »

Après cette grande fête, Jennifer a prévu de s'envoler avec ses copines, parmi lesquelles Courteney Cox, à Cabo San Lucas. Mais le voyage est mouvementé. Les deux stars de *Friends* et leurs amies manquent de mourir dans l'avion qui les transporte au Mexique. Le train d'atterrissage de l'appareil est en effet resté coincé au décollage. « Je n'ai pas du tout peur de voler, raconte Courteney Cox à la chaîne Extra[1]. Mon père était pilote, mais j'ai vraiment paniqué parce que, lorsque nous avons décollé, nous avons entendu un bruit très fort. Je me suis dit : "Ils feraient bien de vérifier les pneus." En fait, il n'y avait pas de pneu du tout, il n'y avait pas de roues sorties, s'exclame-t-elle. Heureusement, il y a deux roues de chaque côté et deux à l'avant ; ce qui a permis d'équilibrer l'appareil. Je dois dire que nous sommes restés en l'air pendant quatre heures, à brûler du carburant et à penser à ce qui nous attendait. J'ai envoyé un petit message à Coco [sa fille] ; je lui ai dit : "Je t'aime" mais sans préciser pourquoi. Quant à Johnny [McDaid, son

1. Extra, février 2019.

compagnon], je lui ai raconté tout ce qui s'est passé et je lui ai fait un appel en un FaceTime après l'atterrissage. »

Le bimoteur Gulfstream G-IV s'est finalement posé avec précaution à l'aéroport international d'Ontario, à l'est de Los Angeles. Ian Gregor, porte-parole de l'Administration fédérale de l'aviation, a expliqué que le jet avait en effet, perdu une roue au départ de l'aéroport international de Los Angeles, à destination de Cabo San Lucas, au Mexique, avant de revenir et de faire le tour de Palm Springs pour brûler du carburant afin d'alléger la charge avant d'essayer d'atterrir sur l'aéroport d'Ontario. Sans l'habileté du pilote, Jennifer et ses amis auraient pu être victimes d'un terrible crash.

Cinquante ans, c'est aussi l'âge des bilans… Quinze ans après l'arrêt de *Friends*, Jennifer Aniston commence à ressentir de la nostalgie et a une farouche envie de reprendre le chemin des plateaux de télévision. Elle étudie alors plusieurs projets avec son amie et associée Kristin Hahn. Les deux femmes tombent sous le charme du scénario d'une série consacrée aux coulisses d'une émission de télévision : *The Morning Show*. Ensemble, elles décident de co-produire la série dans laquelle Jennifer interprète le rôle d'une redoutable animatrice vieillissante, en conflit avec la nouvelle recrue bien plus jeune qu'elle. Pour interpréter le rôle de cette rivale, qui mieux que celle qui jouait sa petite sœur dans *Friends* et qui est aujourd'hui l'une de ses meilleures amies : Reese Witherspoon ? Emballée par le projet, cette dernière décide, à son tour, de s'investir dans cette co-production.

Auprès du magazine *Variety*, en décembre 2023, les deux actrices évoquent les liens indéfectibles qui les unissent : « Nous nous connaissons depuis une vingtaine d'années. C'est dans notre ADN de collaborer ensemble, explique Jennifer Aniston. Nous sommes des partenaires. Nous sommes des amies. Nous sommes des copines, nous partageons tous dans nos vies : des peines de cœur à l'amour et tout le reste. » Et Reese Witherspoon de rebondir : « C'est réconfortant. C'est juste un respect mutuel et des années d'expérience. »

De nouveau sous le feu des projecteurs, Jennifer, qui a une sainte horreur des réseaux sociaux, se résout, le 15 octobre 2019, à ouvrir un compte Instagram. Bien lui en prend… Son arrivée est la plus explosive de toute l'histoire de la plateforme ! Son premier *post*, la photo d'un dîner chez elle avec ses cinq co-stars de la série *Friends*, fait bugger Instagram. En une journée seulement, plus de 10 millions de fans se connectent pour découvrir le message : « Et maintenant nous sommes aussi des amis Instagram, bonjour Instagram. » Cette circulation exceptionnelle vers un seul et même compte en si peu de temps a créé une panne de près de… quatre heures.

Jennifer renoue avec ses années de gloire : l'actrice de *Friends* a retrouvé, grâce au *Morning Show*, ses fans de la première heure et en gagne des millions de nouveaux. En 2020, pour l'interprétation du personnage d'Alex Levy, elle reçoit le Golden Globes et le Sage Award de la meilleure actrice dans une série dramatique.

Le 11 novembre 2022, une ombre vient éclipser la joie retrouvée de l'actrice. Son père John Aniston, dont elle s'était rapprochée après l'adolescence, s'éteint. À peine quatre mois plus tôt, l'actrice lui avait rendu un vibrant hommage lors des Daytime Emmy Awards au cours desquels il avait reçu un prix pour une vie entière d'acteur passée dans la même série. Ses trente-sept ans de présence dans *Des jours et des vies* est en effet un record télévisuel : « C'est vraiment un moment spécial pour moi, confie

Jennifer dans la vidéo retransmise le jour de la cérémonie. C'est l'occasion non seulement de rendre hommage à une véritable icône du monde de la télévision, mais c'est aussi une chance de reconnaître les réalisations de toute une vie d'un grand acteur très respecté, qui se trouve aussi être mon père… »

Au moment des obsèques de son papa, Jennifer, habituellement très pudique, partage des photos d'enfance et un texte poignant sur son compte Instagram : « Tu étais l'un des plus beaux humains que je n'ai jamais connus. Je suis tellement reconnaissante que tu planes dans les cieux en paix – et sans douleur… Je t'aimerai jusqu'à la fin des temps… N'oublie pas de me rendre visite. »

À peine un an plus tard, alors que ses démons semblaient derrière lui, c'est Matthew Perry, cinquante-quatre ans, le protégé de Jennifer, son incroyable partenaire dans la série *Friends*, qui trouve la mort dans son jacuzzi. Jennifer Aniston avait été la première à identifier les démons contre lesquels il luttait, comme il l'avait raconté dans son autobiographie *Friends, mes amours et cette chose terrible*, parue en 2022 : « Je pensais parvenir à garder mon addiction secrète pour mes coéquipiers jusqu'à ce que

Jennifer [Aniston] vienne dans ma loge et me dise que je sentais l'alcool... Être confronté à son jugement m'a dévasté. Je me suis senti mal. »

Jennifer, bien impuissante face aux addictions de son ami, gardera une amitié sincère pour Matthew jusqu'à sa mort, en 2023.

Première arrivée aux obsèques de Matthew, Jennifer avait, la veille, demandé une faveur à son agent, comme nous l'a confié l'une de ses amies : « Jennifer voulait que la volonté de la famille de Matthew, de garder cette cérémonie privée, soit respectée et elle a demandé à son agent de veiller à ce que les personnalités extérieures à la famille Friends soient écartées afin de les laisser dans l'intimité. »

Reste que, si Jennifer est la seule des six Friends à avoir réellement retrouvé le chemin du succès grâce à la série *The Morning Show* et la saga de Netflix *Murder Mistery*, ses récentes transformations physiques pourraient bien perturber sa carrière. Lors de son apparition aux Golden Globes, en janvier 2024, la salle bruissait en effet de ses excès de chirurgie esthétique — un passage sous le bistouri qui a mis un frein à la carrière de sa copine Courteney Cox. Quel que soit ce que l'avenir lui réserve, Jennifer est en tout cas à l'abri du besoin. En 2023, sa fortune était estimée à 320 millions de dollars.

CHAPITRE 5

David Schwimmer : star malgré lui

Il est le Friends le plus discret, celui qui a toujours fui le star-system. Et pourtant ! David Schwimmer est incontestablement l'un des acteurs les plus doués et sollicités de ce célèbre groupe d'amis. Le comédien est en effet considéré par le Tout-Hollywood comme le meilleur acteur de *Friends*. Si les fans de la série ont du mal à déterminer leur personnage préféré (ils oscillent entre Ross et Chandler) David remporte haut la main la palme de l'interprétation. Et pour cause ! L'acteur a accompli une vraie prouesse : celle de transformer un personnage aussi méprisable et peu sympathique sur le papier que Ross Geller en un gars doux et sensible. Il n'a cessé de surprendre les fans au fil des saisons, démontrant qu'il pouvait facilement passer du divorcé geek ennuyeux au professeur révolté et colérique. Alors pourquoi l'après-*Friends* a-t-il été, pour lui aussi, si difficile ?

David Schwimmer vient du théâtre. Passionnément. Résolument. Autant dire qu'il n'était pas destiné à devenir une star de sitcom dans le monde entier.

À la maison, durant sa jeunesse, cela ne rigolait pas trop chez les Schwimmer. Issu d'une famille juive originaire d'Allemagne, ce fils d'avocats ne rêvait pas de faire rire la galerie. Lors d'une de nos rencontres, David admettait lui-même que ses aspirations se trouvaient loin d'Hollywood : « Enfant, je me souviens que je voulais être chirurgien, nous avouait le comédien lors d'une interview, le 25 avril 1996, à Los Angeles. Ce souhait n'était pas forcément motivé par l'envie de soigner ou de venir en aide aux autres. J'étais avant tout fasciné par le corps humain. Je connaissais tout des systèmes lymphatiques, vasculaires et squelettiques. J'étais un grand connaisseur des sciences, mais j'ai découvert que je pouvais parler à davantage de filles en cours de théâtre que dans un laboratoire scientifique. Cela a donc fait dérailler ma carrière médicale [rires]. »

C'est dans de petites pièces organisées par le lycée de Beverly Hills que David Schwimmer commence à jouer. Le football américain avec les copains ? Très peu pour lui ! L'adolescent préfère passer son temps libre à réciter des textes et à analyser des rôles. « Le théâtre est quelque chose que j'ai pris immédiatement très au sérieux, nous explique-t-il. J'avais vraiment le sentiment de me retrouver dans mon élément. Non seulement, j'ai pu ainsi communiquer plus aisément avec les gens, mais ce fut aussi un environnement propice pour un jeune qui souhaite surmonter sa timidité et éviter de faire des bêtises. »

Ses parents qui estiment que David doit plutôt se concentrer sur des études en vue de faire un métier sérieux, ne l'aident pas. Pour financer ses études, Schwimmer collectionne alors les petits boulots. « Je travaillais dans cet endroit appelé Steve's Ice Cream où il fallait mélanger à la main toutes les miettes de bonbons ou de biscuits sur une grande dalle de marbre pour trois dollars de l'heure », se souvient-il[1]. Il se remémore aussi un autre boulot… moins avouable : « À seize ans, je travaillais dans une compagnie de photocopieurs, explique-t-il. Je devais faire semblant d'être un gars de Xerox. J'appelais les clients et je leur disais : "Je vois que vous avez une Xerox 2-2500. On dirait que vous êtes à court de toner." Une secrétaire innocente disait : "Je ne pense pas que ce soit le cas ?" et je répondais : "Je pense que c'est le cas, laissez-moi vous envoyer quelques cartons." » Ce qui s'appelle forcer une vente… « Notre activité n'était pas vraiment légale, concède David Schwimmer. Je suis arrivé un jour sur mon lieu de travail et tout l'endroit avait été perquisitionné ! »

En 1988, il est diplômé de la Northwestern University, à Chicago. Un baccalauréat ès arts en théâtre et discours en poche, David Schwimmer prend une décision importante : il va vivre sa passion de manière plus professionnelle en fondant, avec des amis étudiants, la Lookingglass Theatre Company. « C'est une période de ma vie que je n'échangerais pour rien au monde ! se souvient-il avec émotion. Après avoir terminé mes études de Northwestern et avoir adoré l'éducation que j'ai reçue là-bas, j'ai pu construire

---

1. *The Guardian*, 19 juin 2021.

de véritables et belles amitiés avec des gens qui m'ont suivi pour créer ensemble une compagnie de théâtre. » Pour son plus grand bonheur, ses parents finissent par le soutenir dans cette démarche. « Mes parents sont des gens très intelligents, à la fois généreux et compréhensifs, nous assure le comédien lors d'une de nos rencontres en 1996. Je crois qu'ils ont réussi à nous transmettre cette sorte de confiance en soi, non seulement à moi, mais aussi à ma sœur. Ils ont compris très vite que cette compagnie de théâtre était ma seconde famille. Les 15 personnes qui la composent sont mes frères et sœurs. »

Après avoir interprété une scène de la pièce *Rosencrantz et Guildenstern sont morts* (de Tom Stoppard, 1966), à la Northwestern University, une rencontre va changer la donne. David Schwimmer est approché par une agente de talents hollywoodiens. Selon elle, les dons de Schwimmer sont indéniables et elle va rapidement faire de lui une star ! « À l'époque, je me souviens que j'étais incroyablement naïf et je la croyais quand elle disait que je gagnerais très bien ma vie très rapidement, déclare Schwimmer[1]. Alors, j'ai osé dire aux membres de ma compagnie : “Écoutez. Je vais aller à

---

1. *The Chicago Tribune*, 17 août 2016.

Los Angeles. Donnez-moi huit mois. Je vais gagner un million de dollars. Je vais ramener l'argent à Chicago et, avec cette somme, nous allons pouvoir commencer à construire notre propre théâtre." Honnêtement, cela vous montre à quel point j'étais naïf mais aussi extrêmement arrogant ! »

Les huit mois vont se transformer en plusieurs années pour David Schwimmer qui ne va, dès lors, cesser de faire la navette entre Chicago et Los Angeles. Ne parvenant pas à percer à Hollywood, l'acteur subsiste en travaillant comme serveur : « J'ai été serveur sur des patins à roulettes à Chicago pendant plusieurs années, raconte-t-il au journal *The Guardian*[1]. Je me souviens qu'on pouvait vraiment gagner de l'argent en faisant des cascades. Tout le monde prend ses hamburgers et ses frites, puis vous dites : "Hé, tu veux que je saute par-dessus tes enfants pour cinq dollars ?" Les parents faisaient alors s'allonger leurs enfants par terre et je sautais par-dessus eux à 50 km/h ! »

Rapidement, David comprend que le théâtre ne paie pas. Bien qu'il n'ait aucune envie de devenir acteur de télévision, il change de stratégie et passe un maximum

1. *The Guardian*, 19 juin 2021.

d'auditions pour conquérir le petit écran. « Vous savez, explique-t-il, je venais d'une famille où je ressentais une grande pression pour réussir financièrement, et je sentais qu'en restant à Chicago et en faisant du théâtre, je n'allais, selon toute vraisemblance, pas réussir financièrement. Pour faire simple, il est plus rentable de faire de la télévision et du cinéma. Pour être honnête, je pense que l'autre raison de mon attirance est que j'ai grandi en aimant regarder la télévision et en regardant des films. Il y a tellement de réalisateurs et d'acteurs avec lesquels je rêvais de travailler ; je voulais juste vraiment essayer et voir si je pourrais un jour bosser avec certains d'entre eux. Mais, tempère-t-il, le théâtre a toujours été une de mes grandes passions et je n'ai jamais envisagé de ne plus en faire ; cela n'a jamais été une option. Je savais que j'allais toujours y revenir. Je voulais juste essayer de trouver un équilibre, et, en gros, j'y suis parvenu. »

En 1989, il décroche son premier rôle télé dans *A Deadly Silence* : une sorte de thriller d'une heure et demie dans lequel un père de trois enfants est tué alors qu'il quitte son domicile. Tout le quartier est alors gagné par l'émotion car les gens ne connaissent rien de son sombre passé. Deux ans plus tard, David obtient son premier rôle au cinéma dans *Le Vol de l'Intruder* avec Danny Glover et Willem Dafoe : un film qui se passe pendant la guerre du Vietnam, où un pilote de bombardier de la Marine américaine planifie, avec un vétéran endurci, une frappe aérienne non autorisée sur Hanoï. En 1992, il tient un petit rôle aux côtés de Stephen Baldwin dans le film *Crossing the Bridge*, et multiplie jusqu'en 1994 les rôles dans les séries télé : on le voit dans quatre épisodes de la série familiale *Les Années coup de cœur*, puis dans des séries criminelles telles que *La Loi de Los Angeles* ou encore *NYPD Police Blues*. Au début de l'année 1994, David est présent dans 13 épisodes de la série *Monty* aux côtés de Henry Winkler. Il y incarne le fils d'un animateur de talk-show conservateur. Mais il déteste son rôle dans cette série ; au point qu'il jure de ne plus mettre les pieds sur un plateau télé et de se consacrer plutôt, et à nouveau, au théâtre. Il faut se rendre à l'évidence, pense-t-il : ses apparitions sur le petit écran ont beau avoir été un peu remarquées, elles ne le sont pas suffisamment pour lui permettre de se faire une place à Hollywood.

Heureusement, la chance va enfin tourner… Alors qu'il incarne Ponce Pilate dans *Le Maître et Marguerite* de Boulgakov (une production de sa compagnie de théâtre

Lookingglass) Schwimmer reçoit un appel pour jouer dans *Friends*.

Peu de temps avant, les créateurs de *Friends*, Marta Kauffman et David Crane, lui ont proposé d'intégrer une série intitulée *Couples*. Mais ils ont dû rétropédaler, la chaîne préférant un autre acteur[1]. Qu'à cela ne tienne ! En écrivant *Friends*, Marta Kauffman et David Crane pensent immédiatement à David Schwimmer. Ils lui proposent d'incarner Ross, mais surprise : l'acteur est hésitant, il renâcle à signer avec les studios de la Warner Bros. pour un énième pilote. « Ils étaient prêts à lui proposer le rôle sans même qu'il ait à passer une audition ; un privilège rare pour un jeune acteur non expérimenté, écrit Saul Austerlitz, auteur de l'ouvrage *Generation Friends: An Inside Look at the Show That Defined a Television Era* (Dutton, 2019). Il n'y avait qu'un seul problème : Schwimmer ne voulait pas faire la série. Qui plus est, il ne voulait plus du tout faire de télévision. » Certains conseillers du studio hollywoodien pensent qu'il s'agit d'une stratégie de la part du comédien et de son agent

1. Le rôle ira à un ami proche de David Schwimmer, l'acteur Jonathan Silverman.

pour se faire désirer et obtenir un meilleur cachet... mais pas du tout ! David Schwimmer est catégorique : il a envie et besoin de se concentrer désormais entièrement sur sa compagnie de théâtre de Chicago, Lookingglass. Il refuse même de lire des scénarios télévisés !

Contraints d'auditionner d'autres acteurs, Marta Kauffman et David Crane proposent à Noah Wyle, le rôle de Ross. Las ! Le jeune acteur se désiste pour tourner la série *Urgences*, qui va devenir un succès planétaire[1]. Les acteurs Mitchell Whitfield et Eric McCormack sont alors sur les rangs pour incarner Ross jusqu'à ce que, quelques jours plus tard, David Schwimmer lise le scénario de *Friends* à la demande insistante de son agent ! Il est emballé, séduit par l'idée que plusieurs comédiens y participent sans qu'il y ait de star désignée. À la toute dernière minute, Schwimmer accepte de participer à l'aventure de *Friends*. « Il a alors pensé que cela pourrait être enfin une série télévisée qui fonctionnerait un peu plus comme une troupe de théâtre, écrit Austerlitz. Le

1. Noah Wyle fera une apparition dans la saison 1 de *Friends* aux côtés de George Clooney, dans le rôle de médecins romantiques qui séduisent Rachel et Monica.

rôle de Ross était comme un costume prêt à l'emploi qui ne nécessitait aucune adaptation pour que Schwimmer le porte. Il pourrait simplement l'enfiler. Il lui allait déjà parfaitement. »

Les premiers jours sur le plateau de *Friends* se passent très bien. Mais, alors que Matthew Perry fait tout le temps le pitre, David Schwimmer garde tout de même ses distances avec le groupe. « Je n'avais aucun souci avec les autres membres du feuilleton, nous assure-t-il alors que nous l'interviewons à West Hollywood[1]. Bien au contraire ! Dès l'enregistrement du pilote, il s'est créé rapidement un certain lien entre nous. Néanmoins, je ne voulais surtout pas vivre une nouvelle déception en me liant avec des membres d'un feuilleton sans lendemain. C'est la raison pour laquelle j'avais décidé de ne pas trop m'investir émotionnellement avec les acteurs. »

Mais *Friends* n'est pas un feuilleton comme les autres… Très rapidement, la série devient un véritable phénomène. Le problème n'est plus de se détacher du feuilleton pour ne pas être déçu en cas d'échec mais plutôt d'apprendre à

1. Le 26 mai 2016.

gérer cette soudaine notoriété. « Personne n'est vraiment prêt à ce genre de chose ! s'exclame-t-il. Jamais je n'aurais pensé me retrouver dans ce genre de situation. Je dois admettre que j'ai vécu assez difficilement cette soudaine popularité. » Dans une interview accordée au *Hollywood Reporter*, en 2016, David explique à quel point sa notoriété l'a mis mal à l'aise : « En tant qu'acteur, de la façon dont j'ai été formé, mon travail consistait à observer la vie et à observer les autres, donc je me promenais la tête haute, très engagé et observant les gens, poursuit-il. L'effet de la célébrité était tout le contraire : cela me donnait envie de me cacher sous une casquette de baseball et de ne plus être vu. »

Contrairement aux autres Friends, David Schwimmer est de loin celui qui vit le plus mal son succès. Au point qu'à une époque, il ne veut même plus sortir de chez lui ! Schwimmer va tout faire pour éviter non seulement ses fans mais le public en général : « J'ai réalisé au bout d'un moment que je ne regardais plus les gens ; j'essayais de me cacher, a-t-il poursuivi. Alors j'essayais de comprendre : comment puis-je être acteur dans ce nouveau monde, dans cette nouvelle situation ? Comment puis-je faire mon travail ? C'était délicat. » Ses interrogations provoquent l'incompréhension. Certains le trouvent hautain, voire arrogant. « C'était assez choquant et cela a gâché ma relation avec les autres au point que cela m'a pris des années, je pense, pour m'adapter et me sentir à l'aise », a-t-il déclaré au podcast « *Awards Chatter* » du *Hollywood Reporter*, en 2016.

Mais la célébrité n'est pas seulement la raison du mal-être du comédien. Peu autour de lui le savent, mais David Schwimmer a un problème encore bien plus important que celui de la notoriété. Très rapidement, il ne supporte plus son personnage ! Il n'en peut plus d'être catalogué comme Ross Geller en dehors du tournage. Avant, et même s'il menait sa carrière dans l'obscurité, il possédait une gamme de rôles assez diversifiée. Selon lui, la série a détruit tout ce qu'il a essayé de construire. « Il y a eu une période où j'étais très, très frustré d'être catalogué dans un seul genre, celui de Ross. J'ai eu *Friends* quand j'avais vingt-sept ans, mais j'avais fait auparavant tout ce travail sur scène. Tout cela a été éradiqué, regrette-t-il en 2020[1]. Aux yeux du public, je suis né en faisant exclusivement des sitcoms. »

1. *The Guardian*, 2020.

Schwimmer reproche aux producteurs et scénaristes de *Friends* de rendre le personnage de Ross de plus en plus stupide. Il estime que, plus le temps passe, plus son rôle manque de profondeur et de complexité. L'acteur s'en plaint d'autant plus que, catalogué comme Ross Geller, la plupart des producteurs refusent de prendre le risque de l'engager pour des rôles éloignés de Ross. Dès lors, il est dans l'incapacité de s'investir dans d'autres projets.

Bien évidemment, David sait qu'il serait presque impossible d'empêcher les gens de l'associer à son rôle dans *Friends*. Le comédien va tenter malgré tout de briser son image de Ross en se concentrant sur des projets totalement à l'opposé de la série devenue culte. « Je savais que je devais rapidement passer la vitesse supérieure pour devenir plus créatif », déclare-t-il[1].

Tout en continuant à tourner *Friends*, il surprend par ses choix professionnels. Ainsi, il joue dans un film indépendant *Le Porteur de cercueil* de Matt Reeves, en 1996, et dans *Frères d'armes* de HBO en 2001. « Quand j'ai été choisi pour *Frères d'armes*, je me suis dit : "Ah ! Cela

---

1. *The Financial Times*, 25 mai 2021.

va faire oublier Ross.", déclare-t-il au *New York Times*[1]. Mais je suis sûr que la moitié des gens qui l'ont vu pensaient que j'étais Ross dans l'armée ! » Il continue aussi à jouer au théâtre, se produisant à la fois à Broadway et dans le West End de Londres. Il s'essaye même à la réalisation et à la production de films, en passant derrière la caméra pour *Cours toujours Dennis* et *Trust.* « Avec *Trust*, explique-t-il, ma pensée n'était pas si calculée. Si je pouvais soudainement surprendre les gens, tant mieux, et sinon, je ne compte pas sur ça. »

Obsédé par l'idée de s'éloigner de son image de Ross de *Friends*, l'acteur va faire des choix de carrière quasi suicidaires. Tout occupé à remonter sur les planches avec les amis de sa compagnie de théâtre, il refuse de grands films qui feront des cartons au box-office. Mieux : en 1996, il accepte de tourner *Le Porteur de cercueil*, à une condition : que les studios Miramax réalisent un film mettant en vedette les membres de sa troupe de théâtre Lookingglass. *Dix ans plus tard*, un téléfilm tourné avec ses amis, sortira donc en 1998 dans l'indifférence générale. Mais sa participation à ce téléfilm

1. Le 27 mars 2011.

aura une conséquence très dommageable : elle empêchera David Schwimmer d'être la star d'un autre film… *Men in Black* ! Pris par le tournage de *Dix ans plus tard* avec ses amis, Schwimmer refuse en effet de participer à *Men in Black*. Le rôle est attribué par défaut à Will Smith qui deviendra une star mondiale grâce au succès de ce long-métrage. Encore aujourd'hui, David veut nous faire croire qu'il n'a aucun regret : « J'ai juste dit : "Je ne peux pas. Ce sont mes amis les plus proches au monde. C'est leur première chance de tourner un film et ma première chance de réaliser." Ce n'était même pas un choix pour moi. Je me disais que je ne peux tout simplement pas », affirme-t-il[1].

La plupart de ses amis, explique-t-il, avaient déjà mis leur projet professionnel en suspens pour tourner pendant six semaines. Certes, David Schwimmer aurait pu demander à ce que le tournage de *Men in Black* soit retardé pour lui permettre d'y participer, mais il devait impérativement être disponible à la rentrée pour la reprise de la nouvelle saison de *Friends*. L'acteur a beau être seul responsable de ses choix, sa participation « empêchée » à

1. Podcast « *Awards Chatter* » du *Hollywood Reporter*, 2016.

Men in Black est un grief de plus dans la longue liste des reproches qu'il nourrit à l'égard de la série.

Au point que se rendre chaque matin dans les studios de la Warner Bros., à Burbank, où se tourne *Friends*, devient de plus en plus compliqué pour lui...

Il reste malgré tout extrêmement professionnel et rigoureux dans son travail. Mais Schwimmer n'a plus le sourire en coin lorsqu'il arrive sur le plateau de tournage. Ses partenaires le remarquent. Les producteurs aussi. Ces derniers, inquiets, vont alors donner à David une plus grande liberté dans son interprétation de Ross et vont aussi lui permettre de s'impliquer davantage dans l'évolution de la série. Pour les créateurs de *Friends*, il n'y a aucun doute : Ross est le personnage principal du feuilleton et David Schwimmer est en grande partie la raison du succès de ce programme. L'acteur va alors commencer à avoir son mot à dire sur certains aspects de la série que personne n'avait jamais osé remettre en question. David se plaint notamment que le feuilleton n'est pas suffisamment ouvert à certaines minorités. Il ne comprend pas pourquoi les Noirs ne sont pas représentés dans *Friends*, tout comme les Asiatiques. Il reproche également aux producteurs d'écrire constamment des histoires religieuses autour de Noël, mais jamais autour de la fête juive Hanoukka, par exemple.

Pour l'acteur, *Friends* est un produit de l'ère pré-« woke » en matière de race. « Peut-être y aurait-il dû y avoir une série *Friends* composée entièrement de Noirs ou d'Asiatiques, glisse Schwimmer dans le journal *The Guardian*[1]. J'étais bien conscient du manque de diversité et j'ai fait campagne pendant des années pour que Ross sorte avec des femmes de couleur. L'une des premières petites amies que j'ai eues dans la série était une femme américaine d'origine asiatique, et, plus tard, je suis sorti avec des femmes afro-américaines. C'était une action délibérée de ma part. Il est également intéressant de voir comment la série traite le judaïsme des personnages, poursuit-il. Je ne pense pas que ce soit bouleversant ou révolutionnaire du tout, mais, pour ma part, j'étais heureux que nous ayons eu au moins un épisode dans lequel il ne s'agissait pas seulement de Noël. J'étais heureux que nous ayons au moins reconnu les différences dans l'observation religieuse. »

1. Le 27 janvier 2020.

C'est bien connu, la pomme ne tombe jamais loin de l'arbre. Les convictions et l'activisme social de Schwimmer doivent beaucoup à l'influence de ses parents. « Ma mère était une avocate militante féministe très bruyante et révolutionnaire, confie-t-il[1], rappelant que sa maman était aussi actrice occasionnelle. Mes premiers souvenirs de théâtre, c'était donc de regarder ces productions féministes auxquelles ma mère participait, d'être toujours prêt à débattre avec mes parents et lutter pour les droits des femmes et des homosexuels. C'est l'environnement dans lequel j'ai grandi. Je suis très conscient de mon privilège en tant qu'homme blanc hétérosexuel à qui les parents ont pu payer une éducation privée, confesse-t-il. J'ai toujours eu le sentiment de devoir donner et de dénoncer si je constate un abus de pouvoir. »

Cet engagement contre l'injustice est sans doute la raison pour laquelle David Schwimmer est naturellement désigné comme leader des *Friends* pour porter leurs revendications salariales ! Rapidement, la série devient un tel succès aux États-Unis que les producteurs se doutent bien que les comédiens vont vite exiger une augmentation de

1. *The Guardian*, janvier 2020.

salaire. Ce qu'ils n'ont pas prévu, en revanche, c'est que tous les acteurs de *Friends* s'unissent pour ne parler que d'une seule et même voix.

En 1994, année de lancement de la série, les six membres perçoivent chacun 22 500 dollars par épisode. Cependant, cette première saison étant centrée sur les personnages de Ross et Rachel, David Schwimmer et Jennifer Aniston deviennent les stars principales de la saison 1. Lorsqu'arrive le moment de renégocier les contrats pour la saison 2, David et Jennifer sont donc augmentés de 40 000 dollars par épisode ; 40 000 dollars, c'est plus que ce que les quatre autres acteurs réunis ont reçu. À la fin de la saison 2, alors que commencent les négociations salariales de la saison 3, David Schwimmer a l'idée altruiste d'amener ses collègues à former une sorte de mini-syndicat et d'exiger que les six soient payés à parts égales. À court terme, cette décision n'est absolument pas avantageuse pour Schwimmer ou Aniston, mais elle pourrait s'avérer payante à long terme. Elle va en effet permettre au groupe des six d'avoir le contrôle des négociations. Alors que les producteurs de la série avaient jadis la possibilité de licencier à tout moment un acteur trop gourmand en faisant disparaître son personnage, cette nouvelle tactique change la donne. Les studios Warner Bros. ne peuvent en effet pas se débarrasser des six en même temps car cela tuerait la série. Malin ! La tactique du « tout ou rien » va alors être payante pour tous les acteurs de *Friends*.

En parlant d'une seule et même voix au sein de leur « mini-syndicat », chaque acteur est rémunéré 75 000 dollars par épisode pour la troisième saison. C'est moins que ce que Schwimmer aurait pu gagner, mais cela représente une belle augmentation de salaire pour les autres. Après la septième saison, les Friends ne sont plus liés contractuellement à la série. Ils sont libres de quitter le feuilleton s'ils le souhaitent. Leurs salaires grimpent alors à 750 000 dollars chacun par épisode, à raison de 24 épisodes par saison. Durant les deux dernières saisons, leur cachet s'élève à plus d'un million de dollars par épisode (1 100 040 exactement) — un montant colossal, même si la saison 10 a été réduite à 18 épisodes.

Certains membres, comme Matthew Perry dans ses mémoires, n'ont pas manqué d'exprimer publiquement leur reconnaissance à l'égard de David Schwimmer. « David était certainement en mesure de viser le plus d'argent, mais il ne l'a pas fait, a écrit Matthew. J'aimerais penser que j'aurais fait la même chose, mais, en tant que jeune avare de vingt-cinq ans, je ne suis pas certain que j'aurais également agi de la sorte. Mais sa décision nous a permis de prendre soin les uns des autres à travers ce qui s'est avéré être une myriade de négociations stressantes, et cela nous a donné un énorme pouvoir. Ce que nous avons pu obtenir, reconnaît-il, nous le devons à la bonté de David et à son sens aigu des affaires. Je te dois environ 30 millions de dollars, David ! »

Pendant toute la série, les six Friends ont donc fait preuve d'une solidarité hors pair. Ils se sont protégés les uns les autres protégeant même leurs histoires d'amour — notamment le béguin réciproque de David Schwimmer et Jennifer Aniston. Durant l'émission spéciale « *Friends* : Les retrouvailles », en 2021, David Schwimmer et Jennifer Aniston ont admis avoir eu des sentiments l'un pour l'autre. « La première saison, j'ai eu un gros *crush* pour Jen' », a révélé l'acteur, avant qu'Aniston n'ajoute : « C'était réciproque. » Selon David, ces sentiments auraient pu se concrétiser si le timing leur avait été plus favorable. « À un moment donné, nous avons vraiment craqué l'un pour l'autre mais c'était comme si deux navires se croisaient parce que l'un de nous était toujours en couple et nous n'avons jamais franchi cette frontière. Nous avons respecté cela. » Jennifer Aniston raconte : « Je me souviens avoir dit une fois à David : "Ça va être vraiment décevant si la première fois que toi et moi nous nous embrassons est diffusée à la télévision nationale.", a-t-elle plaisanté. Effectivement, la première fois que nous nous sommes embrassés, c'était dans ce café [le Central Perk, le café fictif de *Friends*]. Nous avons donc canalisé tout notre amour et notre adoration de l'un pour l'autre vers Ross et Rachel. »

Schwimmer ajoute que lui et Jennifer se « blottissaient souvent sur le canapé » pendant les pauses. « J'ai repensé à la première année ou aux deux premières années, quand nous avions des pauses après les répétitions ; il y avait des moments où nous nous blottissions sur le sofa. Nous nous endormions l'un contre l'autre et je n'arrêtais pas de penser : "Comment tout le monde peut ignorer que nous avons le béguin l'un pour l'autre ?" Mais nous ne pouvions rien faire. » Durant cette émission spéciale, Matt LeBlanc assure : « Nous en étions sûrs ! » pendant que Lisa Kudrow, Matthew Perry et Courteney Cox opinent du chef. « Qu'est-ce que c'est génial, en fin de compte, parce que si vous l'aviez fait et que cela n'avait pas fonctionné, cela n'aurait probablement pas été aussi bien ! » ajoute Courteney Cox. Selon elle, la situation aurait été trop difficile à gérer si David et Jennifer étaient sortis ensemble dans la vraie vie et si les choses s'étaient mal terminées. Il faut dire qu'à cette époque, Jennifer Aniston fréquente l'acteur Tate Donovan et ne va pas tarder à se mettre en couple avec Brad Pitt. David Schwimmer, quant à lui, sort avec la chanteuse Natalie Imbruglia. Lorsqu'elle sera interrogée sur les aveux tardifs de son fiancé d'alors sur son *crush* pour Jennifer Aniston, cette dernière bottera élégamment en touche : « Je ne faisais pas attention aux petits regards qu'ils se donnaient par-dessus mon épaule, évacue-t-elle[1]. Je suis OK avec ce qu'il s'est passé à l'époque. C'était il y a longtemps ! » Courteney Cox, la meilleure amie de Jennifer Aniston, se souvient quant à elle de moments comme suspendus entre les deux acteurs. « Cette scène dans le café, leur premier baiser, je la regardais l'autre jour et je pleurais à la fin, se souvient-elle. La tension, c'était juste palpable, c'était juste parfait. »

De 1996 à 1997, la relation de David Schwimmer avec la chanteuse Natalie Imbruglia l'a certes stabilisé. Patiente

---

1. « *Kyle & Jackie O Show* », juin 2021.

et, elle aussi, très sollicitée par les médias, la chanteuse veille à lui laisser indépendance et liberté. Mais David est attiré par Jennifer Aniston et elle s'en rend bien compte. Même si, on l'a vu, l'histoire avec Jennifer Aniston ne sera jamais concrétisée.

Sa liaison avec Natalie Imbruglia terminée, David Schwimmer s'éprend alors de l'actrice israélienne Mili Avital, sa partenaire sur la comédie *Une fiancée pour deux* (de Doug Ellin, 1998). Une relation passionnelle qui va durer cinq ans. « Ce fut immédiatement le coup de foudre pour nous deux, dit Mili, en 2000, à propos de leur rencontre sur le tournage. Le sentiment était définitivement réciproque. C'est tellement personnel que je ne voudrais pas trop en dire. Mais j'aime le sens de l'humour et David en a un des plus drôles. J'ai été attirée par absolument tout chez lui, je n'ai rien trouvé que je n'aime pas. » En mars 2001, David est tellement convaincu d'avoir enfin rencontré le grand amour qu'il va demander la main de Mili. Celle-ci accepte immédiatement et le couple célèbre ses fiançailles entre amis, sans fixer toutefois immédiatement la date du mariage. Et ils font bien ! Huit mois plus tard, à la surprise générale, le duo annule ses fiançailles et rompt. Raison officielle : « Des points de vue divergents. »

Cette rupture laisse David Schwimmer très affecté. Des années après, il en parlera encore avec beaucoup d'émotion : « Aujourd'hui, beaucoup d'hommes n'ont pas le courage de tomber amoureux, avoue-t-il, en mai 2005[1]. La seule pour qui j'ai vraiment craqué était Mili. Je ne pense même pas l'avoir reconnu… jusqu'à ce que ce soit trop tard. » Il tente en vain de la reconquérir. « D'une certaine manière, cela me hante, constate-t-il. Je ne sais pas si je serais capable de retomber amoureux de la sorte. Vieillir, vivre des relations, avoir trente-huit ans… je n'aimerais rien de plus que tomber amoureux aussi fort que la première fois, mais je doute d'y parvenir un jour. »

Il essaiera malgré tout, régulièrement, de vivre des histoires fortes. D'août 2002 à novembre 2003, il vit avec Carla Alapont, une aspirante comédienne : une histoire qui tient davantage de la raison que de la passion. Dans une interview accordée à *In Gear Magazine*, Schwimmer déclare en effet, juste après leur séparation : « Je pourrais avoir une épouse et une famille maintenant. Il y a eu un moment où je pensais que je m'en rapprochais avec Carla, mais, encore une fois, mes priorités étaient

1. *The Irish Examiner*, juin 2004.

au mauvais endroit. Je fais passer le travail avant ma relation, ce que je semble toujours faire. » Dès lors, l'acteur va collectionner les aventures sans lendemain : rencontre en hiver 2004 avec la rockeuse Gina Lee, chanteuse du groupe punk Unisex Salon, qui le quitte quatre mois plus tard. À peine davantage avec une autre chanteuse, Tina Barrett, du groupe S Club ; malgré des vacances en Espagne en amoureux. « Ma mère me demande toutes les deux semaines : "As-tu enfin trouvé une bonne petite amie ?" Maintenant, je commence à me poser la même question ! » nous lance à l'époque le comédien.

C'est à Londres, loin d'Hollywood, qu'il va rencontrer celle qui va changer sa vie. Fin 2006, alors qu'il tourne la comédie *Cours toujours Dennis* dans la capitale anglaise avec Simon Pegg et Thandiwe Newton, il rencontre sa future femme, Zoë Buckman. Âgée de vingt et un ans, cette artiste et photographe est à ce moment-là serveuse au Cuckoo Club. Avec l'acteur, tout va très vite. En mars 2007, un proche de l'acteur confie au média *Metro UK* : « David voit toujours plein de filles mais il est coincé avec Zoë depuis quelques semaines maintenant. Il est vraiment comme un fou, attiré par elle. » Devant rentrer aux États-Unis où l'attend un nouveau projet, David charge ses avocats de trouver un visa à la jeune femme afin qu'elle puisse le suivre en Amérique. Une fois installé avec elle à New York, David inscrit Zoë au Centre international de photographie de la ville, dont elle sort diplômée deux ans plus tard, en 2009. Le 4 juin 2010, dans le plus grand secret et lors d'une cérémonie très privée, Zoë devient madame Schwimmer. Superstition ? Besoin de conjurer le sort, lui le maudit en amour ? Désir de se protéger ? L'acteur ne confirmera cette union *via* son porte-parole qu'en octobre 2010, soit quatre mois après la cérémonie. Il faut dire que le comédien a quarante-trois ans et Zoë, seulement vingt-quatre. À Hollywood, cette relation est regardée d'un mauvais œil par certains. Au diable, les oiseaux de mauvais augure ! En 2011, leur petite Cleo vient au monde. La naissance a lieu dans la maison du couple, le jour de la Fête des mères. Avec Zoë et leur petite Cleo, David semble enfin heureux.

Le 15 mars 2013, le comédien nous reçoit dans la suite d'un hôtel de Beverly Hills. Il nous explique à cette époque pourquoi la venue de sa fille a changé ses choix de carrière. Il reconnaît aussi peiner à revenir au premier plan. « J'adorerais faire plus et jouer davantage dans des longs métrages, nous dit-il. Durant ces six dernières années environ, je me suis concentré davantage sur la réalisation et chaque film a pris environ trois ans à se faire. Aujourd'hui, j'ai besoin de me réorienter et de me concentrer à nouveau dans ma carrière d'acteur. Je suis désormais beaucoup influencé dans mes choix de films par ma fille. J'ai hâte par exemple de pouvoir regarder avec elle toutes les aventures de *Madagascar* et de rire à ses côtés ! »

Malheureusement, les occasions de rire avec la petite Cleo vont se faire plus rares… En 2017, après sept ans de mariage, Zoë demande le divorce. L'acteur doit accepter de partager la garde de sa petite fille. Un déchirement, même si le communiqué de rupture évoque une séparation en douceur : « C'est avec beaucoup d'amour, de respect et d'amitié que nous avons décidé de prendre du temps séparément pendant que nous déterminons l'avenir de notre relation, écrit le couple. Notre priorité est, bien sûr, le bonheur et le bien-être de notre fille pendant cette période difficile, et nous demandons donc votre soutien et votre respect pour notre vie privée alors que nous continuons à l'élever ensemble et à écrire ce nouveau chapitre pour notre famille. »

David Schwimmer est malheureux. Lui qui a toujours voulu une famille unie voit son rêve s'effondrer. En 2020[1], David dit vouloir se consacrer au maximum à son enfant. « J'ai attendu longtemps avant de décider de me marier, concède-t-il. Mais j'ai pris ça au sérieux, parce que j'ai attendu pour me décider jusqu'à ce que je pense : "Bien, je vais commencer ce chapitre de ma vie maintenant et aller jusqu'au bout." » Puis, évoquant son ex-femme : « Nous sommes toujours de très bons amis et, touchons du bois, nous avons trouvé un moyen d'être vraiment respectueux, aimants, attentionnés et flexibles en termes de coparentalité. La paternité est profondément transformationnelle, explique David Schwimmer. Au cours des quarante premières années de ma vie, mon travail était primordial, et, après l'arrivée de Cleo dans ce monde, je me suis dit : "Eh bien, il faut jeter tout ça par la fenêtre." Maintenant, c'est un jeu différent. Ma fille passe en premier, quoi qu'il arrive. »

De toute manière, David Schwimmer est persuadé d'être maudit en amour ; et ce, depuis son adolescence. En 2012, alors que nous l'interviewons à New York, il

1. *The Telegraph*, 2020.

nous parle de la première fois où il est tombé amoureux : « Il s'agissait de ma professeure d'école ! nous avoue-t-il. J'étais totalement fou amoureux d'elle. Je pense qu'elle en était consciente mais, d'une certaine manière, cela déjà présageait de nombreuses complications en perspective dans mes futures histoires d'amour. »

Ça ne va donc pas fort côté sentiments. Et cela ne va pas mieux, côté carrière !

Pour David Schwimmer aussi, l'après-*Friends* va être difficile à gérer. Peut-être même plus dur à gérer pour lui que pour tous les autres membres de la série. Décidant de s'éloigner progressivement du show-business, l'acteur quitte Los Angeles pour aller s'installer à New York.

Sur le plan professionnel, l'acteur a dû revoir ses ambitions à la baisse. Mis à part une prestation remarquée, en 2016, dans laquelle il a incarné le rôle de l'avocat Robert Kardashian, le père décédé de Kim Kardashian, dans la mini-série *The People v O. J. Simpson*, l'acteur n'a pas vraiment brillé. Il n'est plus jamais parvenu à se distinguer dans un projet à la télévision ou au cinéma.

Aujourd'hui et bien malgré lui, il semble clair que Ross restera toujours son rôle le plus célèbre. Et lorsqu'il évoque la série qui a fait de lui une star, il n'est désormais plus aussi virulent qu'avant : « Plus je vieillis et plus ma perspective change, nous racontait-il en 2016, alors que nous l'interviewons à West Hollywood. Plus vous réalisez à quel point vous avez eu de la chance de vivre un tel succès. Cette série de dix ans avec ce casting particulier, ce groupe de scénaristes et ces réalisateurs. Ce fut une période incroyable sur le plan professionnel, mais surtout créatif. »

À ceux qui émettent l'hypothèse de le voir tourner à nouveau un *Friends*, vingt ans après, avec les mêmes acteurs, celui qui fut l'inoubliable Ross oppose toutefois un non catégorique : « Je ne pense tout simplement pas que ce soit possible, étant donné les trajectoires professionnelles différentes de chacun d'entre nous, nous explique-t-il avec conviction. Je pense que tout le monde ressent la même chose : pourquoi gâcher ce qui semblait être la bonne façon de terminer la série ? Je ne veux rien faire pour l'argent. Il faudrait que cela ait un sens sur le plan créatif et rien de ce que j'ai entendu jusqu'à présent n'a de sens. »

David Schwimmer : star malgré lui

David Schwimmer se contente désormais de petits projets peu ambitieux… et vite avortés ! En 2023, il tournait dans les 13 épisodes d'une série comique d'espionnage intitulée *Intelligence*. Malheureusement, une fois de plus, les studios décidaient de ne pas faire de deuxième saison. Les jours, les années se suivent et se ressemblent pour l'acteur. Exigeant, fidèle en amitié au point de refuser des rôles qui l'auraient fait décoller, David Schwimmer n'a pour l'instant pas réussi à surfer sur la vague du succès après l'arrêt de la série qui l'a révélé. Décidément, dur d'être un Friend après *Friends* !

CHAPITRE 6

Lisa Kudrow : l'éternelle complexée

« J'ai joué beaucoup de filles idiotes, mais ce n'est pas vraiment moi. » Cette phrase prononcée par Lisa Kudrow, le 12 septembre 2019, lors d'une interview donnée à son ami du « *Saturday Night Live*[1] », résume, à elle seule, la carrière de l'actrice. Bien que cantonnée aux rôles de ravissante idiote, c'est pourtant elle qui a le mieux géré l'après-*Friends*.

Alors que, depuis l'arrêt de la série en 2004, ses cinq co-stars ont tout fait pour se défaire de leurs personnages,

1. Kevin Nealon, septembre 2019.

Lisa, elle, n'a pas eu peur de rester dans le même registre. Très vite, elle a compris qu'il lui serait quasiment impossible de se défaire du personnage de Phoebe Buffay. Aussi a-t-elle eu l'intelligence de capitaliser sur ce rôle : « Les gens me voient toujours comme Phoebe, mais ce n'est pas un problème, explique-t-elle. C'est un personnage qu'ils ont adoré pendant dix ans, c'est normal. » Alors, plutôt que de fuir les rôles similaires, l'actrice a accepté de se laisser enfermer dans ce répertoire. Qu'elle interprète Valery Cherish dans la série *Mon Comeback* ou Fiona Wallis dans *Web Therapy* (deux séries qu'elle a produites après l'arrêt de *Friends*) Lisa Kudrow a réussi à faire évoluer le personnage iconique de la fille tête en l'air et totalement déconnectée de la réalité devenu culte grâce à son interprétation parfaite de Phoebe.

Un peu à la manière de Charlie Chaplin, elle a eu l'intelligence de décliner ce rôle sous un florilège de personnages de plus en plus aboutis. Elle a même réussi à le transposer au cinéma dans des films à gros succès. Pour son premier rôle important sur grand écran, celui de Laura Sobel dans *Mafia Blues*, aux côtés de Robert De Niro et Billy Crystal, elle a même été choisie car le scénariste et réalisateur Harold Ramis était fan de la série

Friends. Il s'est d'ailleurs inspiré du personnage de Phoebe pour façonner celui de Laura.

Déjà, au moment d'auditionner pour *Friends*, Lisa Kudrow a eu le flair de jouer à fond la carte de la jeune première écervelée pour décrocher le rôle de Phoebe : « Je me suis sentie un peu merdique de les [les producteurs de *Friends*] avoir trompés, j'étais la seule à pouvoir gérer le processus d'audition [Lisa Kudrow a fait partie d'un club d'improvisation] et c'est comme ça que j'ai eu le rôle, je pense. Mais, j'ai dû travailler dur pour devenir Phoebe[1]. »

Car, en effet, le personnage de Phoebe Buffay est aux antipodes de ce que Lisa Kudrow est dans la vie. Si son personnage de bohème dans *Friends* a grandi dans la rue après l'abandon de son père et le suicide de sa belle-mère, Lisa, elle, a grandi dans une famille aimante de la haute société californienne. Sa maman, Nedra, était agent de voyages et son père, Lee, neurochirurgien, un éminent spécialiste de la migraine, reconnu dans le monde entier.

1. *Ibid.*

Née le 30 juillet 1963, à Encino, dans les hauteurs de Los Angeles, Lisa Valerie Kudrow est la cadette d'une famille de trois enfants. Avec son frère David et sa sœur Helen, elle a vécu une enfance et une adolescence entourée d'amour dans un quartier résidentiel au cœur des montagnes qui surplombent la Cité des anges. Particulièrement brillante, elle est diplômée d'une licence en biologie du prestigieux Vassar College. Comme son frère David, qui a choisi d'étudier la médecine, elle rêve de suivre les traces de son père et de devenir chercheuse.

D'ailleurs, en 1990, quatre ans avant d'auditionner pour la série *Friends*, elle travaille dans la clinique de son père et écrit un très sérieux mémoire traitant du lien entre les céphalées et le fait d'être gaucher. Mais, soudainement, à la surprise générale, elle opère un virage à 180° : « Six mois après l'obtention de mon diplôme, j'ai abandonné tous mes plans et j'ai décidé de devenir actrice », explique-t-elle, en 2010, lors d'un discours au Vassar College, devant des étudiants en science éberlués.

Ce goût pour la comédie, elle le partage secrètement, et depuis des années, avec le meilleur ami de son frère : le comédien Jon Lovitz. Ce dernier s'est d'ailleurs souvenu des premières confessions de la petite Lisa, lorsqu'elle était enfant, dans le podcast « *Howie Mandel Does Stuff*[1] » : « Je l'ai rencontrée quand j'ai déménagé à côté de chez elle, à Tarzana. J'étais en classe de CM2 avec son grand frère, David, qui est devenu mon meilleur ami. Lisa devait avoir cinq ans quand j'ai fait sa connaissance, se souvient-il. Nos familles sont devenues très proches. Et, un jour, alors que j'avais commencé à prendre des cours de théâtre, Lisa, qui devait avoir quatorze ans, m'a demandé comment c'était. Elle était très intéressée. J'ai dit à David qu'au-delà d'être très intelligente, je trouvais sa sœur très drôle. Je me souviens que Lisa imitait sa sœur aînée, Helen, à la perfection. Elle était géniale ! On s'est revu à New York, l'année de ses vingt-deux ans. Moi, je travaillais au « *Saturday Night Live* » et elle m'a dit : "J'ai envie de jouer la comédie. Comment je peux faire ?". Je lui ai conseillé d'aller au Groundlings parce que c'est là que j'ai tout appris. »

C'est donc au sein de ce club d'improvisation que Lisa Kudrow laisse libre cours à son imagination et développe son talent comique. Elle rejoint ensuite l'Unexpected Company, célèbre troupe d'impro américaine, puis, celle

---

1. « *Howie Mandel Does Stuff* », avril 2022.

du Transformers Comedy Group – au sein de laquelle elle rencontre celui qui va devenir son premier amour : Conan O'Brien.

Aujourd'hui animateur populaire de talk-shows outre-Atlantique, il a reçu Lisa Kudrow dans son émission « *Conan* » sur TBS en 2021[1]. Ensemble, ils sont revenus sur leurs débuts : « Je me souviens que la première personne que j'ai vue en entrant dans la classe d'impro, c'était toi, se souvient Conan. Je t'ai immédiatement trouvée différente, hilarante ; je savais que tu ferais de grandes choses. » Lisa confirme également son admiration pour Conan, devenu, depuis, son meilleur ami : « Nous avons appris ensemble à développer notre sens comique. En fait, j'ai tout appris de toi. J'ai vraiment calqué ton sens de l'humour. » Et Conan de lui répondre : « On l'a fait tous les deux, on s'est influencés mutuellement. »

À une autre occasion, dans le *Saturday Evening Post*[2], Lisa Kudrow a même confié que Conan l'avait empêchée d'abandonner son rêve de devenir actrice : « J'étais

1. « *Conan* », mai 2021.
2. « *The Saturday Evening Post* », avril 2014.

arrivée en retard au deuxième cours et je n'étais plus sûre de vouloir continuer. C'était trop embarrassant. J'avais l'impression d'avoir l'air ridicule en faisant certains exercices. Je me suis assise pour regarder les autres faire. Et puis, j'ai vu ce type [Conan] qui, comme un enfant, lançait une balle imaginaire dans l'espace. Il n'avait pas l'air idiot du tout. Il n'en faisait pas trop, Il était juste à fond dans l'exercice. J'ai compris que tant que l'on s'engage totalement dans la comédie, on est à l'abri du ridicule. »

Après quelques représentations au théâtre et de modestes apparitions dans des sitcoms, Lisa Kudrow décroche le rôle, qui, elle l'espère, va la faire entrer dans la lumière : celui de Roze Doyle dans la série *Frasier*. Mais, lors de la première lecture avec les autres acteurs de la série, elle ne convainc pas. Lisa est revenue sur cette douloureuse expérience lors d'une interview sur la chaîne numérique des Emmy Awards[1] : « Je ne sais pas si j'étais un peu moins bonne ce jour-là ou si l'alchimie avec les autres acteurs n'a tout simplement pas pris, mais toujours est-il que cela n'a pas fonctionné. Les producteurs m'ont appelée en me

1. Television Academy, mai 2010.

disant qu'ils étaient désolés mais qu'on allait arrêter ! » Lisa sera remplacée au pied levé par l'actrice Peri Gilpin.

À peine quelques semaines plus tard, son agent lui propose un petit rôle de serveuse dans la série *Dingue de toi* aux côtés d'Helen Hunt et Paul Reiser. « Il m'a dit : "Tu n'es pas obligée de le faire, c'est vraiment un petit truc." Mais comme j'avais besoin de travailler, j'ai accepté[1]. » Bien lui en prend : Lisa se révèle tellement drôle dans son rôle d'Ursula Buffay que les producteurs décident d'en faire un personnage récurrent de la série !

En 1993, Jeffrey Clark, l'un des scénaristes de *Dingue de toi*, dont le compagnon, David Crane, vient de finir d'écrire l'épisode pilote de la série *Friends*, encourage Lisa à lire le scénario et à postuler. L'actrice pense se reconnaître dans le rôle de Rachel, la fille pourrie gâtée d'une famille juive des beaux quartiers de Long Island, mais, habitués à la voir dans son rôle de serveuse excentrique, les producteurs préfèrent l'auditionner pour le rôle de Phoebe. Prête à tout pour les convaincre qu'elle colle au personnage, elle puise dans ses talents d'improvisation.

1. *Ibid.*

Si les producteurs sont immédiatement convaincus que Lisa Kudrow est Phoebe, la chaîne NBC, elle, est dubitative. Et pour cause, *Friends* doit être diffusée juste après *Dingue de toi* et elle craint de troubler ses télé-spectateurs en leur présentant les personnages d'Ursula dans *Dingue de toi* et de Phoebe dans *Friends*, interprétés par la même personne. « Tout le monde s'est rendu compte qu'il fallait donner une explication au public, explique Lisa Kudrow dans le podcast "*WTF with Marc Maron*[1]". Comment expliquer à l'audience qu'ils voient la même fille à 20 heures et à 20 h 30 dans deux émissions différentes, et que ce n'est pas le même personnage ? »

Les producteurs de *Friends* proposent alors une solution inédite pour pouvoir garder Lisa Kudrow au casting : faire d'Ursula la sœur jumelle de Phoebe. Ursula apparaîtra d'ailleurs dans plusieurs épisodes de *Friends*, Lisa Kudrow jouant les deux sœurs ; une supercherie tellement bien ficelée qu'encore aujourd'hui, bon nombre de fans des deux séries pensent que l'actrice Lisa Kudrow a vraiment une sœur jumelle, comédienne elle aussi.

---

1. « *WTF with Marc Maron* », mai 2019.

Lisa Kudrow sera la première des six Friends à recevoir une distinction pour son rôle dans la série. Après avoir reçu, en 1996, un Screen Actors Guild Award, elle décroche, en 1998, l'Emmy Award de la meilleure actrice dans un second rôle. Pourtant Lisa Kudrow doute de sa performance et s'en confie à son partenaire Matt LeBlanc, comme elle le raconte à *Entertainment Weekly* en 2016[1] : « J'avais tellement de mal avec le personnage de Phoebe qu'un jour j'ai dit à Matt : “Je pense que je ne suis pas crédible dans ce rôle” et il m'a répondu : “Tu es Phoebe, tu as compris comment l'interpréter. Tu incarnes ce putain de personnage depuis trois ans. Tu travailles tellement dur. Détends-toi !” Et il avait raison. »

Ce que Lisa n'ose pas dire, mais qu'elle révélera des années plus tard, c'est qu'elle souffre de la comparaison avec ses deux co-stars féminines Jennifer Aniston et Courteney Cox. Considérées comme les jolies filles du casting, les deux actrices ne se doutent pas que Lisa a du mal avec son image de clown de service, comme elle l'explique en 2019 dans le podcast de son ami et acteur

1. *Entertainment Weekly*, avril 2016.

Marc Maron[1] : « Je me bats avec mon image et mon poids depuis toujours, révèle-t-elle. Parfois je me dis : "Et alors, tu ne vas pas te tuer pour cela !" Je pense que je n'ai pas le droit de vivre, je pense que je n'ai pas le droit d'être vue comme cela. J'ai trois mentons et ce n'est pas du gras : mon menton se relâche. Et puis, je me dis : "Tu es plus âgée, c'est une bonne chose, il n'y a pas de mal à vieillir !" » Aux côtés des stars féminines de la série, Lisa déteste encore plus sa corpulence : « Malheureusement, déplore-t-elle, être une femme trop maigre, c'est considéré comme joli. En tout cas, c'est ce que j'ai toujours compris. Je faisais tout pour être mince parce que je me voyais à la télé et je me disais que je ressemblais à une grosse montagne à côté de Courteney [Cox] et Jennifer [Aniston]. Je suis grande [1,76 m] et même mes os sont plus gros que les leurs. Mais le problème, c'est que quand j'étais trop fine, j'étais tout le temps malade. J'avais des rhumes, des sinusites… »

Reste qu'elle n'a pas attendu d'être à l'écran pour avoir du mal avec les autres filles. Les complexes de Lisa ont en effet commencé lorsqu'elle était au collège :

1. « *WTF with Marc Maron* », mai 2019.

« J'ai commencé à m'isoler après que mes deux meilleures amies ont décidé de ne plus me parler, raconte-t-elle dans les pages du *Saturday Evening Post*[1]. Cela s'est produit lorsque nous sommes passées de la sixième à la cinquième. Nous étions dans une nouvelle école. Elles connaissaient des gens, mais moi pas. Elles ont fini par se lasser de me voir. Elles m'ont dit : "Pour ton bien, tu dois voir si tu arrives à te débrouiller sans nous." C'était vraiment brutal. Très dur. C'était tout simplement méchant. Toute la période du collège m'a semblé hostile. Ce n'était pas les gens gentils qui étaient populaires, ce n'était pas les gens les plus amusants, c'était les gens les plus méchants, se souvient-elle. Nous lisions *Macbeth* à l'époque, et je me souviens des trois sorcières : "Ce qui est juste est injuste et ce qui est injuste est juste." C'est tout ce que j'entendais dans ma tête pendant toute cette période. Quand mes amis m'ont laissée tomber, j'ai demandé à mes parents : "Qu'est-ce que j'ai fait ?" C'est ma sœur qui m'a sauvée. J'avais treize ans et elle en avait vingt. Quand tout le monde sortait déjeuner et que je n'avais personne avec qui manger, elle venait me chercher et on grignotait toutes les deux. C'était

1. *The Saturday Evening Post*, avril 2014.

extraordinaire pour moi. C'était très généreux de sa part d'être aussi sensible. »

Déjà à cette époque, Lisa ne se trouve pas jolie. Pour espérer gagner en popularité, elle décide de se refaire le nez : « L'opération du nez a changé ma vie, sourit-elle. Je suis passée, dans mon esprit, d'un visage hideux à un visage qui ne l'était plus. Je l'ai fait l'été précédant mon entrée dans un nouveau lycée. Il y avait donc beaucoup de gens qui ne savaient pas à quel point j'étais laide. »

Bien qu'aimée par des millions de fans à travers le monde, Lisa n'est toujours pas en paix avec son image. Et cela la surprend : « J'ai toujours pensé que la célébrité vous permettait de vous détendre. Si tout le monde vous aime, vous pouvez enfin avoir la permission de vous aimer. Ce n'est pas vrai », affirme-t-elle.

Avec le temps, Lisa Kudrow a toutefois appris à vivre avec son physique, comme elle le confie à la journaliste de *Glamour*[1] qui lui demande en 2014 si elle pense avoir à nouveau recours à la chirurgie esthétique : « J'ai trop peur

---

1. *Glamour*, novembre 2014.

de faire du Botox ou de la chirurgie plastique, confesse-t-elle. Cela ne veut pas dire que je ne le ferai jamais, mais tout cela me fait un peu trop peur. Je pense que tout le monde est beau quand il sourit. Alors j'essaye d'être heureuse. »

Son bonheur, c'est auprès de son mari, le publicitaire français Michel Stern et de leur fils Julian qu'elle le trouve. Mariés depuis plus de trente ans, Lisa et Michel se sont rencontrés quand il venait d'arriver aux États-Unis. Il était en fait le petit ami de la colocataire française de Lisa. Si elle a immédiatement eu le coup de foudre pour lui, l'actrice s'est interdit de le séduire tant qu'il était en couple avec son amie, comme elle l'a raconté au *New York Times* en 1995[1] : « Dès que ma colocataire me l'a présenté, je me suis dit : “C'est l'homme parfait, mais, pas de chance, il est avec une autre !” Quand il venait chez nous, il disait “bonjour Lisa” et je partais me cacher dans ma chambre. Il me prenait pour une folle. »

L'histoire entre Michel et la colocataire de Lisa ne dure pas plus de trois mois et Lisa et lui perdent le contact juste

1. *The New York Times*, octobre 1995.

après cette rupture… Ce n'est que six ans plus tard, alors que Lisa Kudrow tourne la première saison de *Friends*, qu'ils se recroisent à l'anniversaire de l'ancienne colocataire. Le second coup de foudre opère, cette fois des deux côtés. « Depuis, on ne s'est plus jamais quittés », dit Lisa affectueusement. Un an après leurs retrouvailles, le 27 mai 1995, le couple se marie, entouré des acteurs de la série *Friends* presque au complet. Seul David Schwimmer, retenu sur un tournage, manque à l'appel. Lisa et Michel choisissent d'échanger leurs vœux en anglais et en français. Et lorsqu'on leur demande quel est le secret de la longévité de leur couple, Lisa évoque le pacte qu'ils ont fait au début de leur mariage. Elle l'a expliqué au magazine *Glamour*, en 2014[1] : « Quand Michel et moi avons décidé de nous marier, nous avons décidé que nous ne nous promettions pas de nous aimer pour toujours, parce que cela n'est pas possible, révèle-t-elle. Mais nous nous sommes promis de travailler sur les problèmes qui pourraient survenir. Nous sommes déterminés à ce que notre mariage fonctionne… Michel et moi respectons l'indépendance de chacun. Par exemple, je n'aime pas voyager. Donc, s'il veut faire un voyage pour aller jouer au golf, il y va. Je pense que les

1. *Glamour*, novembre 2014.

gens ont des problèmes parce qu'ils pensent qu'ils sont censés former une seule unité, synchronisée sur tout. Le mariage, c'est comme faire partie d'une équipe. Chaque co-équipier est différent, mais vous avez le même objectif. »

Pour sceller leur union, Lisa et Michel ont accueilli, le 7 mai 1998, leur enfant unique Julian. Un événement qui a bouleversé le tournage de la série *Friends* à tel point que cette grossesse a dû être intégrée au scénario. Dans les quatrième et cinquième saisons, Phoebe devient ainsi mère porteuse pour son frère Frank et sa femme Alice. Dans une interview accordée au magazine *People*, Lisa s'est remémoré quelques bons souvenirs de ces moments de tournage : « Tous les six [les acteurs de *Friends*] avant chaque tournage en public, on avait un rituel. On se réunissait en coulisse et on se disait : "Bon spectacle, je t'aime, je t'aime, je t'aime, je t'aime !" Et quand j'étais enceinte, les autres disaient : "Bon spectacle, je t'aime, je t'aime, je t'aime, petit Julian !" Ils étaient si gentils avec moi. »

Julian a passé tellement de temps sur le plateau de *Friends* qu'il lui arrivait de confondre Jennifer Aniston avec sa propre mère ! Lisa Kudrow s'est souvenue de ces moments, lors d'un entretien avec son ami Conan O' Brien[1] « Il [Julian] était toujours sur les genoux de Jennifer, il se comportait comme un petit insecte amoureux. Ce qui est logique. J'étais heureuse qu'il ressente tant d'amour et d'affection pour mon amie. Mais, à la maison, quand Jennifer passait à la télé, il disait : "Maman !" Comme je suis un peu dans l'analyse, je me suis demandé s'il n'y avait pas une sorte de connexion d'âmes entre eux. Quelque chose de supérieur. »

Lisa Kudrow est une star, entourée d'autres stars, pourtant, elle fuit les tapis rouges et les sorties publiques. L'une de ses amies nous confiait récemment : « Lisa est très casanière et ce trait de sa personnalité déroute parfois ses fans. Elle n'aime pas trop sortir. Mais, c'est surtout parce qu'elle est agoraphobe. Elle a du mal avec les gens qu'elle ne connaît pas. »

L'actrice a pour la première fois évoqué cette phobie dans le podcast « *WTF with Marc Maron*[2] » : « Je ne peux pas aller à un concert ou en boîte de nuit ; pas à cause

1. « *Conan* », juin 2021.
2. « *WTF with Marc Maron* », mai 2019

de ma célébrité, mais à cause de la foule. Cela me rend nerveuse, explique-t-elle. Je me souviens d'avoir fait la queue avec des copines pour aller à une fête et je pouvais sentir la personne derrière moi, collée à moi. J'avais envie de la frapper, j'aurais pu devenir violente. »

À cause de son agoraphobie, Lisa passe souvent pour une diva – une réputation qui la blesse profondément, selon ses proches.

En septembre 2022, l'influenceur Spencer Pratt, que les téléspectateurs américains connaissent pour sa participation à la téléréalité *The Hills*, fait la une des journaux après avoir affirmé dans une vidéo TikTok que Lisa Kudrow est « l'un des pires humains qu'il ait rencontrés ». Il explique avoir rencontré l'actrice à l'occasion d'une soirée VIP. Il raconte qu'alors qu'il était tranquillement attablé avec sa compagne de l'époque, Heidi Montag, la star de *Friends* est apparue : « Alors que nous étions assis en train de consommer un peu de caviar, raconte-t-il dans cette vidéo, Phoebe [Lisa Kudrow] s'approche et dit à Heidi qu'elle doit s'éloigner de moi le plus vite possible parce que je vais l'assassiner et que j'ai des yeux de tueur en série. »

Une attaque frontale qui semble peu probable pour les amies de Lisa. L'une d'elles me confie une tout autre version que celle de l'influenceur : « En réalité, explique-t-elle, le couple de téléréalité était fan de Lisa. Et, d'après ce que je sais, ils avaient passé la soirée à la poursuivre. Ils la collaient. Je pense que c'est ce qui l'a rendue nerveuse. Je ne vois pas d'autre explication. Car, quand on la connaît, il n'y a pas une once de méchanceté chez elle. »

Spencer Pratt n'est pourtant pas le seul à dénoncer certains comportements de l'actrice. À l'automne 2022, Bethenny Frankel, ancienne star de téléréalité devenue animatrice, profite de la polémique pour enfoncer le clou en publiant, à son tour, une vidéo à charge contre Lisa Kudrow : « C'est fou, raconte-t-elle, elle était dans mon talk-show et j'ai eu une expérience dingue avec elle aussi ! On aurait dit que cela la faisait ch… d'être là ! C'était comme si je m'étais approchée d'elle au rayon surgelés du supermarché. Elle me prenait de haut, genre [Bethenny imite Lisa qui fait la grimace] : "Quoi, tu oses m'aborder ?" Pourtant, je lui posais juste des questions de base. Elle n'avait clairement pas envie d'être là. Elle ne voulait pas répondre à mes questions, ce qui est le minimum quand tu donnes une interview. Je suis sûre que Lisa est habituellement une fille gentille, mais je voulais partager cette expérience que je ne suis pas près d'oublier. »

En plein *bad buzz*, David Arquette, qui connaît bien Lisa Kudrow, amie de son ex-femme Courteney Cox, monte au créneau pour la défendre dans le podcast « *I've Got News For You* » : « C'est difficile à croire, assure-t-il. Lisa est la personne la plus douce du monde. »

La plus douce peut-être, mais la plus distante, sûrement ! Car il est indéniable que si l'on ne fait pas partie du cercle de ses intimes, Lisa Kudrow peut être difficile à approcher. Dans l'émission de son ami Conan O'Brien, elle avouait d'ailleurs : « Je ne me retourne pas. Je ne me retourne jamais. Si quelqu'un est devant moi, je souris et j'essaie d'être gentille. Mais je n'aime pas prendre des photos, signer des autographes. Avant d'être connu, on pense que c'est super la célébrité parce qu'on est aimé, adoré même, concède-t-elle. Mais lorsque vous ressentez vraiment cette attention et que tout le monde s'intéresse à ce que vous faites et veut des photos de vous, vous ne ressentez pas cela comme une étreinte chaleureuse, mais plutôt comme une agression. »

Lisa Kudrow est donc une star qui n'aime pas la célébrité. D'ailleurs, si elle poursuit sa carrière devant la caméra, elle travaille aussi dans l'ombre et elle est une redoutable femme d'affaires. En 2004, au moment de l'arrêt de *Friends*, elle se mue ainsi (et très rapidement) en brillante productrice. Pour HBO, elle crée la série *Mon Comeback* dans laquelle elle se moque des personnages de téléréalité drogués aux projecteurs. Elle explique dans les pages du *Sunday Times Culture*[1] que ce scénario est né de sa propre peur d'être confronté au sentiment de vide après l'arrêt de *Friends* : « Que vous travailliez quarante heures par semaine dans un bureau ou que vous jouiez dans une série télévisée extrêmement populaire, il est naturel de craindre l'inconnu après la fin d'un emploi. C'est ce qui m'a amenée à faire *Mon Comeback* », raconte-t-elle.

Lisa Kudrow a du flair. En 2008, elle sent que l'avenir de la fiction se joue sur Internet. Avec son ami Dan Bucatinsky, elle crée alors la société de production Is or Isn't Entertainment. Ensemble, ils développent une première série sur LStudio, *Web Therapy*. Lisa y joue le rôle d'une psy qui exerce sur Internet. Le succès est tel que

1. *The Sunday Times Culture*, mai 2020.

la chaîne américaine Showtime l'achète en 2011. Dan Bucatinsky, son partenaire de business, explique : « Nous n'avons pas essayé d'être innovants en développant une Web série, mais ce format nous intriguait. »

Lisa Kudrow se frotte ensuite au documentaire avec *Who Do You Think You Are?* sur NBC : une série dans laquelle des célébrités explorent l'histoire de leurs ancêtres. Dans un épisode très émouvant, Lisa Kudrow remonte d'ailleurs son propre arbre généalogique et part sur les traces de ses ancêtres immigrés de Biélorussie, d'Allemagne et de Hongrie. Elle découvre que son arrière-grand-mère a été assassinée par les nazis : « Depuis mon enfance, j'ai vu des documentaires sur l'Holocauste et j'ai lu tout ce que j'ai pu sur le sujet. J'ai regardé la série *World at War*, raconte-t-elle dans une interview au *Saturday Evening Post*[1]. Il y avait un certain nombre d'épisodes sur l'Holocauste, avec des images assez dures. J'ai suivi de nombreux cours d'histoire juive et j'ai étudié l'hébreu pendant deux ans à l'université. Mais ce qui me frappe le plus, c'est que je n'ai jamais appliqué ces connaissances à l'histoire de ma propre famille. Je n'ai donc pas eu à

1. *The Saturday Evening Post*, avril 2014.

subir le cauchemar de ce qui était arrivé à des personnes que je connaissais, constate-t-elle avec émotion. Puis, en vieillissant, ma grand-mère m'a dit que c'était Hitler qui avait tué tous les membres de sa famille, et c'est la première fois que j'ai été confrontée à cette réalité. Dans mon esprit niant cet héritage, je me suis dit : "Non, non, nous ne faisons pas partie de l'Holocauste." Mais j'ai appris que si. Quand j'étais au collège, j'ai souffert d'antisémitisme. Il y avait des gens qui n'avaient jamais rencontré de Juifs. Et un jour, une fille m'a dit : "Tu es juive ? Je n'aime pas les Juifs." C'était violent. »

Actrice, documentariste, Lisa Kudrow mène sa carrière au rythme de ses envies. Plus indépendante que jamais, elle prend ses distances avec son manager, Scott Howard. Mais, en 2014, leur conflit fait la une des journaux. Scott poursuit l'actrice pour non-paiement de sa commission. Il lui réclame 1,7 million de dollars. Pour se tirer d'affaire, Lisa tente une fois encore de jouer le rôle qu'elle connaît le mieux : celui de la fille naïve qu'elle incarne toujours à l'écran. Mais, cette fois, elle ne trompe personne. Le procureur Mark Baute qui lui avait demandé de témoigner devant la cour, interrompt son plaidoyer avec agacement : « Ne faites pas semblant d'être stupide, lui dit-il. Dans la vraie vie, vous n'avez aucun lien avec le personnage de Phoebe, n'est-ce pas ? » Avant de conclure en faveur du plaignant et de la condamner à lui verser l'énorme somme demandée.

Un camouflet. Depuis, Lisa continue sa carrière d'actrice sans son manager. Apparue sur grand écran dans les comédies *Nos Pires Voisins* et *Séduis-moi si tu peux !*, elle a aussi décroché le rôle de Josie Marcus dans la série à succès *Scandal*.

Les années ne l'ont pas éloignée de ses amis de *Friends*. Elle est restée particulièrement proche de Courteney Cox et Jennifer Aniston. Elle a pu compter sur leur présence lors des obsèques de sa maman, en 2020, comme elle l'a confié à l'animateur Howard Stern dans son émission sur SiriusXM : « Ma mère est décédée au tout début de la pandémie de Covid-19 – mais nous ne sommes pas certains qu'elle ait succombé à cette maladie parce qu'il n'y avait pas de test à l'époque. Elle est partie très rapidement. Jennifer et Courteney ont accouru pour m'apporter leur soutien, se rappelle Lisa. C'était vraiment gentil. Elles sont venues à l'enterrement alors que je les ai prévenues à la dernière minute. Nous avons pu organiser des funérailles. J'ai demandé au rabbin d'annoncer qu'il ne fallait pas s'étreindre ou se toucher, parce que nous avions été dans une salle d'urgence et qu'il n'y avait pas de protocole Covid. Et tout le monde m'a pris pour un monstre de froideur... » Encore une fois, Lisa est incomprise. Beaucoup des invités ne saisissent pas que l'actrice est rattrapée par ses phobies sociales et sa peur des microbes. Au point que, lors d'une interview au *Hollywood Reporter* en mai 2020, elle doit se justifier, une nouvelle fois, de s'être tenue à distance des personnes présentes à l'enterrement de sa mère : « Nous venions tout juste d'entendre les mots "distanciation sociale", explique-t-elle. J'étais persuadée qu'il y avait le coronavirus dans la salle... La plupart des gens me regardaient comme si j'étais un monstre quand je faisais deux pas en arrière, levais les mains et disais : "Bonjour, merci d'être venus." »

Les mois de confinement ont au moins eu quelque chose de bénéfique : ils ont permis à la star de faire une pause et de passer du temps en famille, dans sa villa de Palm Springs. Lisa Kudrow a raconté à l'animateur Seth Meyers dans son émission sur NBC[1] que son fils,

1. « *Late Night with Seth Meyers* », juillet 2022.

Julian, malade du Covid-19, a profité de sa convalescence pour se replonger dans les premiers épisodes de *Friends*. « Il a été surpris de voir à quel point sa mère était une actrice impressionnante [rires]. Il m'a appelée et m'a dit : "Je viens de regarder les deux premiers épisodes. C'est vraiment bien, Maman.", s'amuse-t-elle. J'ai répondu : "Merci." Il m'a demandé si je pouvais lui raconter des trucs sur la série. J'ai dit : "Oui !" Je me suis presque mise à pleurer. Je ne pensais pas que quelqu'un dans ma famille aimait encore le show. Il avait cinq ans quand la série s'est arrêtée. Mais il a commencé à la regarder plus tard, avec ses amis d'école. »

Présent en 2021, lors du tournage de l'émission des retrouvailles, « *Friends* : Les retrouvailles », Julian a offert à sa maman la plus belle des récompenses, comme elle l'a raconté à son ami Conan O'Brien : « Après le tournage, il est venu me voir et m'a dit : "Puis-je te dire que je suis vraiment fier de toi ?" C'est l'une des choses les plus émouvantes qui me soient arrivées. »

En grandissant, Julian Stern s'est pris de passion pour l'image. Il est diplômé en cinéma de l'université de Californie du Sud. Julian Stern a d'ailleurs réalisé le montage d'un premier téléfilm, *Doomed,* dans lequel il joue également, marchant ainsi dans les pas de son illustre maman.

Lisa et son fils ont une relation fusionnelle. Et si l'actrice se fait discrète sur les réseaux sociaux, Julian saisit, lui, toutes les occasions de lui rendre hommage. Lors de la Fête des mères de 2019, il postait une photo d'elle avec ce texte : « Je suis très en retard, mais néanmoins, bonne Fête des mères, Maman ! Tu es la mère la plus attentionnée et la plus encourageante dont j'aurais pu rêver ! »

Julian a désormais quitté la maison pour voler de ses propres ailes et Lisa poursuit sa carrière d'actrice. Début 2024, elle a entamé le tournage de la série *Double Trahison* pour Netflix aux côtés de Ray Romano. Dans cette comédie noire en huit épisodes, créée par la réalisatrice Liz Feldman [*Dead to Me*], trois familles très différentes se disputent l'achat de la même villa espagnole des années 1920. Mais la maison de leurs rêves va devenir un véritable cauchemar. Nul doute que Lisa Kudrow y offrira une nouvelle version de la Phoebe qu'on aime tant.

Friends Forever

Si l'actrice reste dans le cœur des fans, Phoebe Buffay, la nomade à la guitare bien éloignée des considérations matérielles, Lisa Kudrow, la femme d'affaires, était en 2024 à la tête d'une fortune estimée à 130 millions d'euros[1]. Passionnée d'automobile, elle possède un parc de voitures impressionnant et s'est constitué un confortable patrimoine immobilier.

Moins jolie, selon les critères d'Hollywood, que Jennifer Aniston et Courteney Cox et moins sûre d'elle que tous ses partenaires de *Friends* réunis, Lisa Kudrow a en tout cas su tracer son propre chemin. Si elle a incontestablement trouvé un équilibre entre sa vie professionnelle et personnelle, Lisa n'a jamais cependant pu renouer avec le même succès rencontré dans *Friends*.

---

1. *Forbes*, 2023.

Dépôt légal : juillet 2024
77-7250-5
ISBN : 978-2-01-723443-2

Imprimé en Italie par Grafica Veneta

PAPIER À BASE DE FIBRES CERTIFIÉES

hachette s'engage pour l'environnement en réduisant l'empreinte carbone de ses livres. Celle de cet exemplaire est de :
700 g éq. CO_2
Rendez-vous sur www.hachette-durable.fr